古代中国著名帝王

时代少儿人文丛书
发现中国
DISCOVER CHINA

◎张巍 / 编著　◎李思东 / 绘图

时代出版传媒股份有限公司
安徽少年儿童出版社

图书在版编目（CIP）数据

古代中国著名帝王 / 张巍编著；李思东绘图. —合肥：安徽少年儿童出版社，
2016.9（2022.1重印）
（时代少儿人文丛书·发现中国）
ISBN 978-7-5397-8788-6

Ⅰ.①古… Ⅱ.①张… ②李… Ⅲ.①帝王—生平事迹—中国—古代—少儿读物
Ⅳ.①K827=2

中国版本图书馆CIP数据核字（2016）第044862号

SHIDAI SHAO'ER RENWEN CONGSHU FAXIAN ZHONGGUO GUDAI ZHONGGUO ZHUMING DIWANG

时代少儿人文丛书·发现中国·古代中国著名帝王

张巍 / 编著
李思东 / 绘图

出版人：张堃	特约策划：墨儒 墨禅	装帧设计：墨禅
责任编辑：阮征	责任校对：邬晓燕	责任印制：朱一之

出版发行：时代出版传媒股份有限公司　http://www.press-mart.com
　　　　　安徽少年儿童出版社　E-mail：ahse1984@163.com
　　　　　新浪官方微博：http://weibo.com/ahsecbs
　　　　　（安徽省合肥市翡翠路1118号出版传媒广场　邮政编码：230071）
　　　　　出版部电话：(0551)63533536(办公室) 63533533(传真)
　　　　　（如发现印装质量问题，影响阅读，请与本社出版部联系调换）

印　　制：阳谷毕升印务有限公司
开　　本：787mm×1092mm　1/16　印张：13.25　字数：145千字
版　　次：2016年9月第1版　2022年1月第2次印刷

ISBN 978-7-5397-8788-6　　　　　　　　　　　　　　　定价：48.00元

版权所有，侵权必究

序言

　　世界六大古代文明，有古代埃及文明、古巴比伦文明、古代印度文明、古代中国文明、古希腊文明和古罗马文明。这六大古代文明都为人类社会的发展进步做出了巨大贡献。本套书简要地记述了中国历史上一个个五彩斑斓的瞬间，及多位有作为、有贡献的杰出人物，并且对五千多年的历史进行了多方面的介绍，呈现中华民族辉煌的文明。

　　中华历史悠久绵长，中华文化光辉灿烂。从秦始皇开始，到最后的皇帝溥仪，中国一共有 400 多位君王。秦始皇之前，还有 400 多位君王、公、侯。皇帝是国家的最高统治者，是专制统治的象征与代表，掌握着国家的立法、行政、司法、军事、外交，具有至高无上的权力，对国家的命运及历史的进程有重大的影响。认识中国历史，不可能忽略中国的皇帝。他们有的雄才大略，多谋善断，富有文韬武略；有的专横跋扈，残暴凶狠，荒淫糜烂，昏庸糊涂；有的大力推动了经济发展、文化繁荣、社会进步，战胜侵略者，维护和平与统一，为中华民族立下了不朽功勋；也有的给国家和人民带来无穷的苦难。

　　本书介绍了18位帝王和尧、舜、禹3位君王，他们是中国历史上的著名人物，在中国历史上留下了浓墨重彩的印迹。他们的经历惊心动魄，他们的一生丰富多彩。

　　请你读读这本书，感受古代著名帝王的精彩人生。

历史学者　姜昆阳

目录

第一章
上古明君尧舜禹 …………… 1

第二章
统一六国秦始皇 …………… 10

第三章
大汉天子汉高祖 …………… 19

第四章
雄才大略汉武帝 …………… 32

第五章
中兴汉朝光武帝 …………… 43

第六章
乱世枭雄魏武帝 …………… 54

第七章
变法图强孝文帝 …………… 67

第八章
开皇之治隋文帝 …………… 76

第九章
济世安民唐太宗 …………… 87

第十章
一代女皇武则天 …………… 96

第十一章
盛世帝王唐玄宗 ……………107

第十二章
勇革弊政宋神宗 ……………118

第十三章
一代天骄成吉思汗 …………127

第十四章
一统中原元世祖 ……………138

第十五章
布衣天子明太祖 ……………147

第十六章
永乐盛世明成祖 ……………160

第十七章
千古一帝康熙帝 ……………171

第十八章
勤俭严苛雍正帝 ……………186

第十九章
"十全老人"乾隆帝 …………195

第一章　上古明君尧舜禹

上古明君尧舜禹

【姓名】伊祁放勋
【史称】唐尧
【朝代】上古时代
【民族】华夏族
【主要成就】制定历法，治理洪水，推行禅让制度

【姓名】姚重华
【史称】舜帝
【朝代】上古时代
【民族】华夏族
【主要成就】注重孝道，改革官制

【姓名】姒（sì）文命
【史称】大禹
【朝代】夏
【民族】华夏族
【主要成就】治理洪水，发展生产

尧

尧

  我们中国人向来以"炎黄子孙"自称，其中"炎"指的是炎帝，"黄"指的是黄帝。可是，炎帝和黄帝的事迹多以神话传说的形式流传，让人无从考证。在炎、黄二帝之后，中国有三位德才兼备的部落联盟首领——尧、舜、禹，而这三位首领的传说则可信得多。

  尧，姓伊祁，名放勋，与黄帝颛顼、帝喾(kù)、舜并称为"五帝"。十几岁时，尧就辅佐自己的哥哥——当时的部落联盟首领帝挚处理政务。但是帝挚才能平庸，不能妥善地管理国家；而尧仁慈爱民，善于用人，治理有方，在各个部落中享有很高的威望。各部族首领纷纷背弃帝挚，归附于尧。帝挚也自觉不如尧圣明，就让尧做了部落联盟的首领。

尧非常仁义，也十分聪明，跟他接近的人都会受到他的感化。虽然贵为部落首领，但尧的生活很俭朴，与平常人一样。他住的是茅草屋，喝的是野菜汤，穿的是用葛藤编织的粗衣。尧非常注意倾听老百姓的意见，他在简陋的宫殿门前设了一面"欲谏之鼓"，只要有人想对他提意见，随时都可以来击鼓。尧听到鼓声，就会立刻接见到来的百姓，并认真听取来人的意见。

尧当政初期，天文历法的研究还很粗浅，不能有效地指导农业生产。为了解决这个难题，尧专门组织人员进行研究，在前人经验的基础上，根据自然万物的生长规律和日月星辰的运动变化，制定了太阴历法，规定了四季、年、月的天数。这是有文字记载以来中国最早的历法，是后来中国历代所遵行的历法的基础。

当时天下饱受洪水肆虐之苦，大量房屋和田地被洪水淹没，溺死或饿死的百姓不计其数。于是，尧遍访治水能人，他先是任命部落首领鲧（gǔn）去治水。鲧治水九年，集中力量修筑堤坝，但那些堤坝不断地被洪水冲垮，洪水依然如故。

中国远古部落实行的是"父子相继、兄终弟及"的首领继承制度。让位给不同姓的人，称为"禅让"。按照字面的意思解释，"禅"就是"在祖宗牌位面前大力推荐"，"让"就是"让位给不同姓之人"。

尧年老的时候，认为自己的儿子丹朱难以担当领导部落的重任，于是，他就跟辅佐自己的四位重要大臣商议，请他们推举贤良之才。大臣们向尧举荐了舜，说舜很有孝心，家庭关系处理得十分妥善，并且能感化家人，让他们弃恶从善。听了大家的举荐，尧打算先对舜进行考察，然后再做决定。

尧先把自己的两个女儿娥皇、女英嫁给了舜，希望让两个女儿考察他的德行，看他是否能处理好家政。舜和娥皇、女英互爱互敬，依礼行事，尧的两个女儿也都对舜十分倾心，恪守着妇道。

尧又派舜教化百姓，舜便教导百姓要以"父义、母慈、兄友、弟恭、子孝"这五种美德指导自己的行为。舜的真诚打动了百姓，人们都乐意听从他的教诲。

尧又让舜总管百官，处理政务。舜的勤政和卓越的统治才能使得百官们都愿意服从他的指挥，由于官员们勤于政事，各项事务都处理得井井有条。

尧还让舜负责接待前来朝见的诸侯。舜和诸侯们相处得和睦友好，远方来的诸侯宾客都很敬重他。

最后，尧让舜独自去山麓的森林里，经受大自然的考验。舜在崎岖的山道上和暴风雷雨中都不会迷失方向，又能自力更生，显示出很强的生存能力。

经过各种各样的考察，尧终于觉得舜在各个方面都很成熟可靠，于是决定将首领之位禅让于舜。

让位于舜二十八年后，尧去世了。

舜

舜，姓姚，名重华。比起尧来，舜的一生更加丰富多彩。

在有关舜的传说和记载之中，他是以孝道闻名天下的。在传说中，舜出生在一个充满阴谋的家庭。舜的父亲叫瞽叟（gǔ sǒu，瞎老头的意思），他不仅眼睛失明了，还糊涂透顶，听信谗言。舜的生母死得早，瞽叟就又娶了一个妻子，生了个儿子叫象。仁慈善良的舜与奸诈恶毒的父母、兄弟间的斗争由此开始了。

有一次，父亲对舜说："粮仓房顶漏水，你快去修补一下。"等舜爬到粮仓顶上之后，父亲、继母和弟弟三个人马上把梯子搬走，在底下放起火来，企图把舜烧死。舜急中生智，双手

舜

举着斗笠，像鸟儿一样飘下屋顶才幸免于难。

父亲又命舜挖井。舜知道情形不妙，挖井的时候，悄悄在侧壁凿出一条暗道通向外边。果然，当舜挖井挖到深处时，继母和象一起往下倒土把井填平，企图将舜活埋。而舜从旁边的暗道逃出，到外面躲了起来。父亲、继母和象都以为舜死了，便兴高采烈地瓜分起舜的财产来。象说："这个主意是我出的，舜的两个妻子和琴归我，牛羊和粮仓归二老。"象于是搬到舜的房子里，得意忘形地弹起舜的琴。就在这时，舜回到家中，象大吃一惊，连忙遮掩说："我正十分难过地思念你呢！"对于家人的阴谋，舜表现出宽容。他还是一如既往地孝顺父母，爱护弟弟。舜的德行，也因此被广为传颂。

尧听说了舜的孝行，萌生了让舜继位的想法，于是召他入宫加以考验。心地仁慈、能力超群的舜通过了种种考验，最终继承了尧的王位。舜继位后，既勤劳又俭朴，他跟百姓们一同劳作，很快得到大家的拥戴和信任。他见宫廷里的大臣们职责不清，办事效率不高，便对行政机构进行了改革，设立九个官员，明确各自管辖的范围：一个官员主管工程，治理水土；一个官员主管农业，播种谷物；一个官员主管教化，理顺人伦；一个官员主管刑法，公正执法；一个官员主管工匠，管理百工；一个官员主管山林，繁育草木鸟兽；一个官员主管祭祀，拜神祭祖；一个官员主管音乐，传播文化；最后一个官员主管监察。

舜每三年考察一次这些官员的政绩，考察三次以后，根据综

舜的孝行被广为传颂

合结果来决定官员的提升或罢免。

和尧一样，舜在年老的时候，认为自己的儿子商均能力不足，而当时禹治水有功，威望最高，于是舜就定禹为继任者。因此，舜与尧一样，都是禅位让贤的圣王。

据说舜在位三十九年，在他将近一百岁的时候，到南方的九嶷（yí）山巡视，并且死在那里。之后，禹登上了部落联盟首领的宝座。

禹

禹，姓姒，名文命，他是黄帝的玄孙。

禹最大的功绩是治理洪水。尧曾经下令让禹的父亲鲧治水，但鲧失败了。舜又下令禹接替鲧的工作。禹总结了父亲失败的原因，确定了以疏导为主、填塞为辅的指导思想。虽然他的指导思想是对的，但在实施过程中仍然遇到了许多困难。于是禹翻山越岭，涉河过川，拿着测量工具，一路勘探，规划水道，引洪水入海。

禹为了治水，费尽心力，从来不敢休息。新婚不久，他就离开妻子，开始了长达十三年的辛勤工作。后来有一次，他路过家门口，听到儿子呱呱坠地，都没时间走进家门。第三次经过家门的时候，儿子启正被母亲抱在怀里，已经会叫父亲了。启挥动小手，和禹打招呼，禹只是向妻儿挥挥手，表示自己看到他们了，却还是没有停下脚步。这就是著名的禹"三过家门而不入"的故事。后来，因禹治理洪水有功，人们为表达对他的感激之情，尊称他为"大禹"，即"伟大的禹"。

禹

大禹治水浮雕

但是，禹的功绩不仅在于治理洪水，更重要的是，他结束了中国原始社会部落联盟的社会组织形态，创建了"国家"这一新型的社会政治形态，推动了中国由原始社会进入奴隶制社会的进程。

禹即位后，定国号为夏，成为夏朝的开国之君。禹死后，他的儿子启登上了王位。夏成为中国历史上第一个王朝，启也成为中国历史上第一位帝王。

尧、舜、禹讲究个人修德，在政事上不避辛苦，带领民众过上了富足安康的生活。他们也因此成为此后历代帝王的典范。

第二章　统一六国秦始皇

统一六国秦始皇

【姓名】嬴政
【史称】秦始皇
【朝代】秦朝
【民族】华夏族
【生卒年】公元前259年—公元前210年
【主要成就】统一六国；废除分封制，创建郡县制；书同文，车同轨；统一度量衡和货币；修建万里长城
【创举】中国历史上第一位使用"皇帝"称号的帝王

秦始皇嬴政出生于赵国的国都邯郸，他十三岁继承王位，后来统一六国，自称"始皇帝"。秦始皇统一六国建立秦朝之后，颁布了"书同文，车同轨"等一系列典章制度，这些典章制度对中国历史产生了极为深远的影响。

秦始皇

坎坷继位

秦始皇嬴政是秦庄襄王的儿子。秦庄襄王叫嬴异人，父亲是秦国的安国君，母亲是夏姬。安国君有二十几个儿子，但他不喜欢夏姬母子。恰好遇上秦国和赵国发生外交争端，安国君就将异人送到赵国做了人质。

毫无疑问，异人在赵国的待遇很差，直到遇到了大商人吕不韦，他的命运彻底改变。吕不韦虽然是个商人，却很有政治眼光，他认为异人与众不同，于是处处留心，制造机会接近异人，还将自己宠爱的歌姬赵姬送给异人。不久之后，赵姬就为异人生下了嬴政。不过，也有人说，嬴政实际上是吕不韦的私生子。

吕不韦又拿出自己的积蓄和珍宝，帮助异人在秦国四处打点。安国君是秦昭襄王的儿子，有很大机会登上王位，而他的宠妃华阳夫人却没能给他生下儿子。吕不韦上下打点，说服华阳夫人将异人认作自己的儿子。既然有了异人这个"自己的儿子"，华阳夫人就很卖力地吹起枕边风，让安国君立异人作为继承人。

秦昭襄王死后，安国君果然继位为秦孝文王。孝文王只当了三天国君就突然死去，于是异人在公元前250年成为秦国的国君，称秦庄襄王。秦庄襄王当然知道自己是借助谁的帮助才能走到这一步的，因此，他即位后的第一道命令就是任命吕不韦为相，封他为文信侯。

秦庄襄王在位三年后病死，公元前247年，嬴政顺理成章地继承王位，当时他只有十三岁。太后赵姬担心自己的儿子在秦国的根基不稳，朝廷内外的事情都仰仗吕不韦。她让嬴政一切政事都听吕不韦的，还尊奉吕不韦为仲父。

吕不韦一时间炙手可热，权倾朝野，他当年的投资终于得到了无数倍的回报。不过吕不韦也有担心，由于嬴政渐渐长大，而太后当年又曾是他的歌姬，因为这层关系，吕不韦主动避嫌，想要同太后保持距离。

于是，吕不韦将假太监嫪毐（lào ǎi）献给太后，淫乱后宫，竟然让太后生下了两个私生子。嫪毐因为有太后撑腰，被封为长信侯，还暗中发展自己的势力，以嬴政的"假父"自居，平时骄纵得很，得罪了很多人。公元前238年，太后的丑闻终于被曝光。嫪毐一不做二不休，竟然想发动政变，结果被嬴政一举

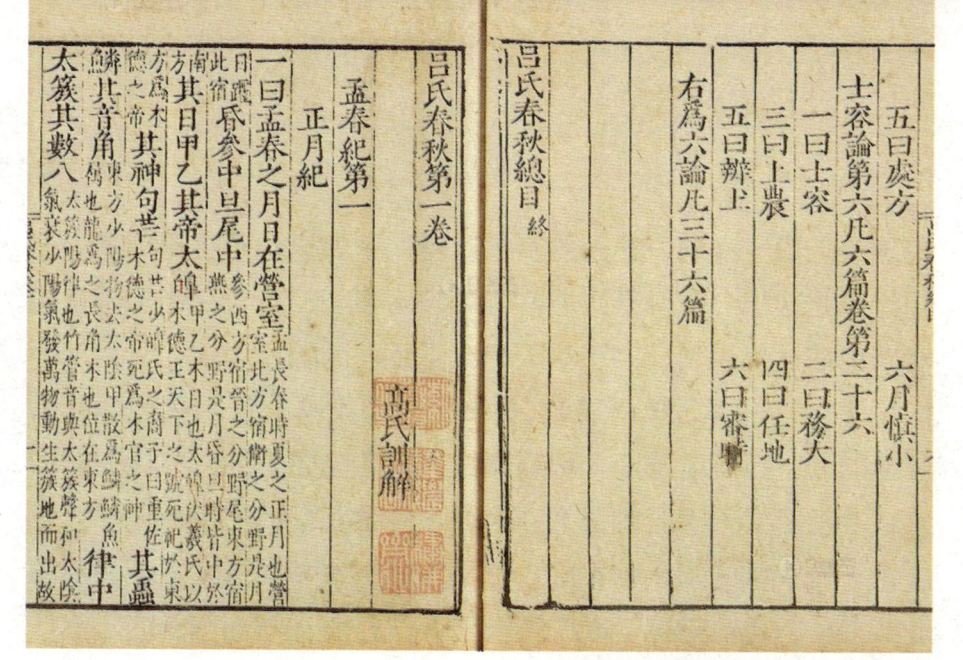

吕不韦主持编写的《吕氏春秋》

铲除。盛怒的嬴政将嫪毐车裂，并把嫪毐与太后的两个私生子处死，把太后幽禁在雍城，把吕不韦放逐到河南封地。吕不韦自知与嬴政的关系已经完全破裂，不可能挽回了，只好饮下毒酒自杀。

公元前238年，嬴政举行了成人礼。从此，他大权在握，开始了统一六国的征程。

统一六国

嬴政掌握实权之后不久，发生了一件大事，差一点儿就影响了秦国的发展大计。之前，秦国请了许多客卿（在秦国做官的外国人）来帮助管理国家，例如吕不韦就是卫国人，李斯是楚国人。韩王利用这个机会，派水利工程师郑国来到秦国，声称可以帮助秦国兴修水利，灌溉农田。其实韩王的目的是想让秦国忙于修渠筑坝，从而没有精力和时间来攻打韩国。后来，嬴政发现了韩王的阴谋。此前，秦国的贵族重臣们早就对那些客卿不满，便想借着此次机会游说嬴政把客卿都赶出秦国。当时在秦国做官的李斯也在被逐之列，为了劝阻嬴政驱逐客卿的行动，他呈上了一份《谏逐客书》，告诉嬴政："秦穆公、秦孝公任用其他国家有才能的人，打开了局面，称霸西戎，民富国强。经过几代人的积累，才有了今天秦国的强大，这离不开客卿们的功劳。现在大王要将不是秦国的人赶出秦国，那是在间接地帮助敌国，削弱秦国的实力。"嬴政觉得李斯说得很对，就打消了驱逐客卿的念头，继续重用各国有才之士，这对后来秦国打败六国产生了深远的影响。

之后，嬴政重用李斯、尉缭等人，开始大力推行统一战略。秦军在王翦（jiǎn）、王贲（bēn）等将领的率领下，开始有步骤、有谋略地攻打六国。

秦国首先快速攻破了韩国。公元前230年，嬴政派遣内史腾率领秦军突然南下渡过黄河，打了韩国一个措手不及，一举攻破韩国都城，韩国灭亡。韩国被设置为秦国的颍川郡。紧接着，秦国又将目标对准了赵国和燕国。

赵国是武力最强的国家，赵国的大将李牧有勇有谋，多次击退秦军的进攻。可惜的是，赵王中了离间计，听信谗言，自毁长城，逼死了李牧，赵国再也找不到有能力的将领对抗秦国大军了。

燕国的太子丹自知凭借燕国的实力无法正面对抗强大的秦国，就想到了暗杀的办法。他找到义士荆轲，让荆轲带着燕国最

秦始皇统一六国

肥沃的一块土地的地图和逃到燕国的秦国叛将樊於期的头颅去进献给嬴政，企图消除对方的戒备，乘机刺杀嬴政。荆轲没能刺杀成功，可是嬴政受了惊吓，恨上了燕国，命令大军迅速踏平了燕国。紧接着，秦国又灭掉了魏国和楚国。

等到五国都已经灭亡了，秦国就找了个借口，开始讨伐齐国。齐军望风披靡，也很快覆灭了。

自此，嬴政统一了六国，结束了中国的战国时代，进入一个大一统的时代。

功在千秋

嬴政取得了前无古人的功业，下令大臣们给自己商议一个合

古代中国著名帝王

适的称号。丞相王绾（wǎn）、御史大夫冯劫、廷尉李斯等人大肆鼓吹嬴政的功劳，说嬴政有"平定天下"之功，"从盘古开天辟地以来就没有人取得过这样的功绩，甚至远古的三皇五帝都比不上嬴政的伟大"。最后他们上奏："自古以来，有天皇，有地皇，有泰皇，其中以泰皇最为尊贵。大王建立了不世之功，可加冕泰皇。"其实这已经是很尊贵的称呼了，但是嬴政仍然不满意。在众大臣的建议中，他只相中了一个"皇"字。因为古代有"三皇五帝"，于是，他在"皇"后面加了一个"帝"字，创造出"皇帝"这个全新的称号。为了使子孙万代沿袭帝位，他称自己为"始皇帝"，因此后世多称他为"秦始皇"。

之后，为了管理这个庞大的帝国，秦始皇开始按自己的想法治理天下。他所实施的政策，无论后人认可还是反对，都影响着中国的历史进程。比如，秦始皇规定皇帝的命令称为"诏书"，皇帝自己称呼自己的时候只能说"朕"，等等。

秦始皇废除了分封制，推行郡县制。他定都咸阳，将全国行政区域划分为三十六个郡。他设立"三公"制度，由丞相、御史大夫和太尉组成最高权力机构，负责全国政事，直接听命于皇帝。他还统一货币和度量衡，实行"书同文，车同轨"政策，修筑长城，形成了强大的中央集权的秦帝国。

在春秋战国时期，赵国、燕国等邻近匈奴的国家饱受匈奴的骚扰，赵武灵王为此还发动过一次"胡服骑射"的改革。强大的匈奴一直是边疆地区最大的隐患，赵国、燕国当时为了抵御匈奴的侵扰，就修建了长城。不过这些国家的长城都是一段一段的，匈奴总是能够找到突破口。秦始皇统一六国后，下令将原来的长城连接起来，西起临洮，东到辽东，绵延万余里，让匈奴外患被长城阻挡在外。这就是现在"万里长城"的由来。

同时，秦始皇意识到六国虽然被打败了，但是原先六国的百姓可能不愿意做秦朝的子民，他担心这个城市起义，那个地方叛乱，会让秦军疲于应付。怎么办呢？秦始皇听从谋士的建议，收缴了民间的兵器，集中到咸阳，铸成了十二个铜人。他这才放心了一些：没有了兵器，这下老百姓总该安分了吧？

然后，秦始皇开始大兴土木，征调七十万人，在骊山为自己建造陵墓，还修造了绵延三百里的豪华皇宫阿（ē）房（páng）宫。

焚书坑儒

做完了这些事，内忧外患似乎得到了控制，秦始皇不再担心秦朝的统治问题，转而开始向往长生不老之术，希望自己能够成为"长生不老"的神仙。很多方士投其所好，为他炼丹药，寻神仙。齐国人徐福甚至告诉秦始皇，海上有座蓬莱仙岛，是神仙住的地方。秦始皇信以为真，让徐福带领童男童女数千人乘船入海，访求仙人。

对于秦始皇做的一些荒唐事，很多人反对咒骂，引起了秦始皇的不快。于是他下令"焚书"，很多典籍都被付之一炬。秦始皇又责令御史好好查问那些胆敢咒骂、讽刺皇帝的人，有四百六十多人被检举揭发出来，其中有方士，有儒生，最后秦始皇把这些人都活埋了。这就是"坑儒"。

阿房宫遗址复原图　张波/摄

焚书坑儒并没有让秦始皇高枕无忧，天下流言不断，什么天降"始皇帝死而地分"的陨石，还有人预言秦始皇的大限之日。秦始皇本来就很迷信，听到后更是恐惧不安。为了祈福消灾，秦始皇准备第五次巡游，并在泰山举行封禅大典。然而由于年事已高，一路上舟车劳顿，他在半路就病倒了，最后死在沙丘（在今河北省）。

随行的胡亥（秦始皇最小的儿子）、赵高和李斯封锁了秦始皇病故的消息，为了欺骗臣民，车队继续出巡，绕了个大圈返回咸阳。由于暑天高温，秦始皇的尸体早已经腐烂发臭。为了掩人耳目，他们不得不用咸鱼的味道来掩盖尸体的腐臭味。

胡亥在赵高、李斯的帮助下，伪造了遗诏，杀死了自己的哥哥扶苏和许多兄弟姐妹，登上了帝位，他就是秦二世。不过，秦王朝在他手里没几年就灭亡了。秦始皇肯定想不到，他辛辛苦苦打下的江山没能传到子孙万代，居然"二世而亡"。

第三章　大汉天子汉高祖

大汉天子汉高祖

【姓名】刘邦
【史称】汉高祖
【朝代】西汉
【民族】汉族
【生卒年】公元前256年—公元前195年
【主要成就】反抗暴秦，击败项羽，建立汉朝，制定礼仪，
　　　　　　轻徭薄役
【创举】中国历史上第一位平民出身的皇帝

刘邦出身平民，本来在当时那个等级制度森严的时代是很难出人头地的。可是秦朝末年，民不聊生，平民百姓纷纷揭竿而起，生逢乱世给了他成就伟业的契机。

汉高祖刘邦

出身草根

公元前256年，在秦朝还没有统一六国的时候，刘邦出生于沛县的一个农民家庭，家里共有兄弟四人，他排行老三。

少年时期，刘邦就表现出很强的社交能力。他喜欢结交朋友，特别仰慕食客三千的信陵君（战国四君子之一）。刘邦小时候读过一些书，但他可不是本分的读书人。而且，刘邦还不喜欢做农活，平时总是游手好闲，因为这个他没少受到父亲的责骂。

但是，刘邦性格很好，他待人宽厚，胸襟开阔，慷慨大方。从刘邦后来的经历来看，真是印证了那句话：性格决定命运。

浪荡子攀亲

到了刘邦的青年时期，秦始皇已经统一全国。刘邦当上了沛县泗水亭长。亭长在秦朝只能算是一个小官，主要负责行旅食宿、公文传递以及维护社会治安等工作，相当于现在的镇长兼派出所所长，还得兼邮政局局长外加招待所所长。因为工作的关系，他经常和沛县的官吏们一起喝酒，互相称兄道弟，关系非常亲密。

亭长还有一项工作是替朝廷征集壮丁，然后送他们去指定的地方服役。有一次，刘邦在送服役的人去都城咸阳的路上，正好碰到秦始皇的出巡队伍。看到秦始皇车队那个威风劲儿，刘邦很羡慕，感慨地说："唉，大丈夫就应该像这个样子啊！"

刘邦从咸阳回来后不久，有一个叫吕公的人，设宴款待沛县有头有脸的人物。吕公是山东人，因为在家乡与人结下仇怨，便来投靠在沛县当县令的好友。沛县的人因为他和县令的关系好，都来讨好他。当时，负责这次宴会接待的人是沛县主簿萧何，他向来客宣布：份子钱低于一千钱的人，都坐在堂下；份子钱高于一千钱的人，才能被安排在堂上就座。

刘邦知道这件事后，也想去拉关系，但他根本没有份子钱，却大言不惭地对礼宾人员说："我备了贺钱一万。"吕公听说，急忙亲自下堂来迎接。见到刘邦并没有带钱来，吕公竟然没有计较，反而对刘邦很客气，还请他到上席就座。

吕公为什么这么给刘邦面子呢？原来吕公非常喜欢给人相

面，他看到刘邦的相貌，觉得刘邦以后一定会大富大贵。因此，他不仅很尊重刘邦，还要把自己的女儿吕雉（zhì）嫁给刘邦为妻。这对刘邦来说可是求之不得的——不仅白吃白喝，还娶了有钱人家的女儿，刘邦当即就答应了。这个吕雉就是后来历史上著名的吕后，她为刘邦生了一儿一女，儿子就是汉惠帝。

斩白蛇起义

秦朝末年，秦始皇修建骊山陵墓，需要大批劳力。刘邦当时负责押送一批劳工去骊山服役。秦朝劳役很重，服役的人基本上是有去无回，于是，很多劳工在半路就逃走了。按照秦朝的法律规定，劳工如果逃跑了，押送的人也要被处斩。所以，越往前走，劳工跑得越多，刘邦也越害怕。一次停下来休息时，刘邦喝多了酒，仗着酒劲儿，他把劳工们身上的绳索都解开，对他们说："你们都去逃命吧，我从此也要逃亡了！"劳工们对刘邦千恩万谢，有些人趁着夜色逃走了，还有十多人愿意留下来跟随刘邦。

刘邦带着这十几个人到芒砀（dàng）山避难，途中路过一片沼泽地，让其中一个人在前边探路。那个人发现有一条大蛇挡在路中间，很害怕，就跑回来告诉刘邦，建议改道。刘邦当时已经喝醉了，也不知道害怕，一个人冲到前面，拔剑斩杀了大蛇。

此时的刘邦既没有地位，也没有声望，要想让更多的人信任他、追随他，就要采取一些非常的手段。为了制造舆论，刘邦打

刘邦斩蛇起义

发人四处宣扬:"那条蛇是白帝之子,被刘邦杀了,刘邦是赤帝之子。"他们还说,在刘邦斩白蛇的地方,遇到一个老妇人在痛哭悼念爱子,这些话就是老妇人告诉他们的。这些人说得活灵活现,刘邦就开始以赤帝之子自居。另外,他还让随从四处传播,说自己藏身的地方常有五彩祥云飘来。沛县及附近的年轻人听信后,就都跑来跟随他。刘邦很好地利用了百姓迷信神灵的心理,又加上他豪爽的性格,渐渐在自己周围团结了一批人,成为当地公认的豪杰。

公元前209年，陈胜、吴广在大泽乡起义，一时之间，各地纷纷举起了反秦的义旗。

刘邦的家乡沛县的县令观望风向，也想举起反旗，可又担心秦军打来。当时在沛县做官的萧何和曹参就给县令出主意，劝县令将本县流亡在外的人召集回来，可以增强自保的力量。于是，县令就让吕雉的妹夫樊哙（kuài）去找刘邦，让他回来守卫家乡。

这时，刘邦的身边已经聚集了好几百人，他带着这几百人与樊哙马不停蹄地往回赶。但刘邦还没到沛县，县令就后悔了，他担心自己会引狼入室，于是命令手下关上城门，捉拿萧何和曹参。萧何和曹参见机不妙，翻城墙躲过了追捕，与刘邦会合。刘邦听说县令出尔反尔，非常生气，将一封信射进城中，鼓动城中的百姓一起反抗县令。

沛县的百姓早就对县令不满了，他们杀了县令，打开城门欢迎刘邦。在大家的推举下，刘邦成为沛公，正式宣布起兵反秦，成了各地抗秦义兵中一股不可忽视的力量。这一年，刘邦已经四十八岁了。

先入关灭秦

刘邦在沛县起兵的同时，原先楚国大将项燕的后裔项梁、项羽叔侄也在吴中起兵。项梁采纳谋士范增的建议，拥戴原楚国国君的后代熊心为楚怀王，在盱眙（xū yí）建都。楚怀王跟各路

刘邦入关灭秦

抗秦义军订下协议：谁先进入关中，打下秦朝的都城咸阳，就封谁为王。当时秦朝的军队还很强大，大将章邯非常勇猛，因此义军与秦朝军队的战争非常激烈，义军在交战中并没有占到多大便宜，连项梁也在一次战斗中被章邯打败，战死沙场。不过项梁的侄子项羽勇冠三军，别人怕章邯，他可不怕。为了替叔父报仇，他孤军深入，破釜沉舟，以少胜多，在河北南部的巨鹿打败了章邯率领的秦军主力。

项羽打垮了秦军主力，让刘邦捡了便宜。他从秦军防守薄弱的陕西南部率先进入咸阳，接受了秦王子婴的投降。刘邦当时非常得意，咸阳的富足也让他心生留恋。这时候谋士张良进言说，现在还不是放松的时候，项羽的军队士气正盛，不能轻易触怒他。

刘邦听取了谋臣的意见，并发布了三条命令："杀人的凶手要被处死，将人打伤了要受到刑责，偷盗的人要遭受同等金额的罚款。"他宣布废除秦朝所有苛刻的法律，赢得了人心，稳定了秩序。

项羽也很快进入关中，将军队驻扎在鸿门，摆了酒席叫刘邦去赴宴。刘邦左右为难，去吧，凶多吉少；不去吧，正好给了项

鸿门宴旧址，位于今陕西西安市临潼区新丰镇鸿门堡村

羽消灭自己的机会。最后在张良和樊哙等人的卫护下，刘邦前去赴宴。在宴席上，刘邦把好话说尽，说自己先进入关中实则是项羽的功劳，所以咸阳的财物珠宝，他都为项羽保存着。

席间，项羽的堂弟项庄站出来拔剑起舞，说是要助助酒兴。舞剑的时候，他有意无意地向刘邦靠近。这个时候，项羽的叔父、被刘邦甜言蜜语迷惑的项伯挺身而出，和项庄对舞，好几次都用身体保护了刘邦。刘邦哪里还敢继续喝酒，他趁着项羽不怎么生气了，就借口上厕所，从小路偷偷地跑回了自己的营地。

胜项羽建汉

鸿门宴之后，项羽自封为西楚霸王，又分封各路将军。刘邦被封为汉王，领地是巴、蜀、汉中一带。项羽又分别封秦朝的降将章邯、司马欣、董翳（yì）为雍王、塞王、翟王，他们的领地都在关中，在刘邦的领地周围形成了一个包围圈。

刘邦知道自己此时的实力无法对抗项羽，他假装对项羽的任命心悦诚服，在率兵进入汉中时沿途烧毁了栈道，表示自己对关中没有觊觎之心。这个举动迷惑了项羽，让他放松了警惕。等到时机成熟，刘邦拜韩信为大将，采用了"明修栈道，暗度陈仓"[1]的巧计，从防守薄弱的地方顺利出兵进入关中，联络诸侯，公开声讨项羽，拉开了"楚汉战争"的序幕。

开始的时候，项羽占有绝对的优势，但是刘邦巧妙利用诸侯之间的制约关系，实力发展得很快，经过几年征战，已经与鼎盛时期的项羽不分伯仲。而项羽经历了一系列的挫折,无力再战,就主动和刘邦订盟,以鸿沟为界,东归楚,西归汉。订了盟约以后,项羽放心地退兵了,可刘邦听了张良、陈平的建议,撕毁了刚刚签订的盟约,下令全力追击楚军。在垓(gāi)下一战中,项羽陷入汉军的包围圈,最后只率领几百人突围。当他逃到乌江边,因自觉无颜再见江东父老,便自刎而死。中国历史上著名的"楚汉战争"也因此画上了句号。

公元前202年,刘邦举行登基大典,正式称皇帝,定国号为汉,史称汉高祖。刘邦即位后,采取了许多重要措施,充分显示了自己治理国家的才能。

秦朝的残酷统治,加上连年战争,造成了十室九空、民不聊生的局面。为了尽快恢复生产,刘邦实行"休养生息"的国策。他采用什五税一的政策,降低田租,减轻农民的负担。因为饥饿成为奴隶的人,可以获得自由民的身份;士兵复员之后,不仅能够按照军功得到田地和宅院,还可以享受徭役豁免;打击唯利是图的商人和奴隶主阶级,禁止商人过奢侈生活,商人一旦穿丝绸、坐牛车,就会受到惩罚。

刘邦还建立了天禄阁、石渠阁等规模宏大的"国家图书馆",同时让萧何制定法律条文,让韩信编写军法要义,让张苍研究朝廷的章程,让叔孙通制定礼仪。这些措施巩固了政权,极大地丰富了汉文化。

受箭伤离世

称帝之后，刘邦信守诺言，封韩信为楚王，封彭越为梁王，让他们管辖大片领土。不过刘邦也提防着他们，他看到当初项羽大肆封王，造成种种弊端，就担心韩信这些异姓王会联合起来造反。因此，他一方面分封刘姓子弟亲属为同姓王，以压制异姓王；另一方面他积极谋划，采取各个击破的方针，分化瓦解，进而逐步消灭这些异姓王，巩固自己的统治。

公元前201年，韩王信[2]谋反兵败之后投降匈奴。刘邦亲自率兵征讨匈奴，中了匈奴的诱敌之计，在白登（在今山西大同）被围困。刘邦几次突围不成，眼看着箭尽粮绝，士气低落，只好采用陈平的计策，贿赂了冒顿（mò dú）单于的阏氏（yān zhī）。阏氏对丈夫说："把刘邦困死有什么好处啊？就算打下了汉地，我们也不可能一直居住在那里。汉朝的皇帝也有神灵庇护的，这些神灵可不能得罪。咱们还是收了礼物回去吧。"冒顿单于听了阏氏的话，放开一条路让刘邦退走。

公元前196年，淮南王英布起兵反叛，刘邦再一次御驾亲征。他很快击败了英布的叛军，在得胜还朝的途中，正好途经沛县，刘邦就召集了昔日的亲朋故旧，畅饮了好几天。有一天刘邦喝多了，他一面击"筑"（当时一种很流行的乐器），一面唱了一首即兴创作的《大风歌》[3]，表达了自己成为天下之主的豪情。

虽然这次镇压英布的叛乱很顺利，但刘邦也被流矢击中，留下了病根。回到长安后,他的病情加重,于公元前195年去世。

在刘邦的治理下,人民的生活开始好转,国家逐渐强盛。刘邦参加了反秦的起义,使四分五裂的中国得到了真正的统一,使得分崩离析的局面重新凝聚起来,因此后世对他的评价很高。

小链接:

马上得天下

刘邦没什么文化,年轻时游手好闲,非常看不起儒生。称帝以后,他认为自己是在马上得到的天下,所以《诗》《书》无用处。陆贾劝他说:"马上能够得到天下,马上能够治理天下吗?"刘邦醒悟过来,先是请陆贾著书论述秦失天下的原因,以资后世借鉴;又让萧何重新制定律令,以约束天下人的行为,这些法律法令被称为"九章律"。

知识拓展：

①明修栈道，暗度陈仓

　　为了进入关中地区，韩信向刘邦提出了"明修栈道，暗度陈仓"的计策。陈仓（在今陕西宝鸡）是刘邦进入关中的必经之地，除了山势险峻、坡高路陡，更有雍王章邯率领重兵把守。按照韩信的计策，刘邦先派大将樊哙带领一万人去修复此前进入汉中时焚毁的栈道，要求他在一个月之内修好。章邯做梦也想不到，刘邦的精锐部队此刻正翻山越岭，绕路偷袭了陈仓，打开了缺口，顺利挺进关中。

②韩王信

　　在汉朝，有两位重臣都叫韩信。历史上比较有名的是"战必胜，攻必取"的淮阴侯韩信，他是历史上杰出的军事家，先后被封为齐王、楚王和淮阴侯，与萧何、张良并列被称为"汉初三杰"。还有一个韩信，在西汉初年被封为韩王，为了区别于淮阴侯韩信，人们称他为"韩王信"。

③《大风歌》

　　大风起兮云飞扬，威加海内兮归故乡，安得猛士兮守四方！

第四章　雄才大略汉武帝

雄才大略汉武帝

【姓名】刘彻
【史称】汉武帝
【朝代】西汉
【民族】汉族
【生卒年】公元前156年—公元前87年
【主要成就】罢黜百家，独尊儒术；开疆拓土；打败匈奴
【创举】中国历史上第一位使用年号的皇帝

汉武帝刘彻，原名刘彘（zhì），他在位的时期是西汉军事最鼎盛的时期，他开疆拓土，奠定了中华疆域的版图，并开创了汉武盛世。不过由于汉武帝穷兵黩武、好大喜功，也给他的晚年抹上了一层悲剧色彩。

汉武帝刘彻

两位母亲的努力

刘彘的父亲汉景帝刘启一共有十四个儿子，刘彘排行第十。刘彘的母亲是王娡（zhì），当时正受汉景帝宠幸。由于薄皇后没有孩子，所以汉景帝就立栗姬所生的皇长子刘荣为太子，当时三岁的刘彘被封为胶东王。王娡出身贫寒，在宫中地位不高，刘彘又不是长子，按说皇位没有他的份儿。

可王娡很有心计，她看到汉景帝对姐姐馆陶长公主很尊敬，就跟馆陶长公主套近乎，总是让刘彘跟馆陶长公主的女儿陈阿娇一起玩。刘彘也很乖巧，对自己的姑姑馆陶长公主说："要是能娶了阿娇，就造一座金屋给她住。"这话让馆陶长公主乐得合不拢嘴。这便是"金屋藏娇"[①]的典故。

馆陶长公主非常想让自己的女儿成为一国之母，于是在馆陶

古代中国著名帝王 33

长公主和王娡的共同努力下，栗姬失宠，太子刘荣被废。

很快，汉景帝正式册封王娡为皇后，刘彘改名刘彻，被立为太子，汉景帝驾崩以后他就当上了皇帝。馆陶长公主和王娡这两个聪明的女人都实现了自己的愿望。

太皇太后的阴影

刘彻登基以后，没能马上掌握大权，因为他头上还有一个祖母窦太后。窦太后是刘彻的祖母，家族势力很大，满朝都是她的亲信。刘彻有任何风吹草动都会迅速地传到窦太后的耳朵里，而她也会适时地训斥刘彻。对于刘彻来说，所有的训斥里都包含着这样的信息：如果你当不好皇帝，我就会找人来代替你。

这可不是无中生有的揣测。窦太后喜好黄老之术，而当时的淮南王刘安也深谙此道。刘安还组织人专门编写了一本奇书《淮南子》[2]，进献给窦太后，深得窦太后的赏识。因此有传言说，窦太后一直考虑让刘安来做皇帝。这让刘彻的皇位坐得非常不踏实，他更加不敢惹祖母生气，所有朝廷政事都随时向窦太后请示。

有一次，匈奴来人要求和亲，傲慢地要求汉朝把公主嫁给匈奴单于，并索要大笔钱财。刘彻第一次和祖母意见不统一，他感到前所未有的屈辱，他想要与匈奴一战，彻底洗清前耻。而窦太后告诉刘彻，现在还不能贸然发动战争，因为汉朝的军队实力不够，对西域和匈奴还不了解。刘彻虽然觉得祖母说得很有道理，可就是咽不下这口气。窦太后这回倒没有发火，因为她想起汉文帝和汉景帝年轻时也是这样爱发脾气，觉得这孩子真像他的祖辈，所以即使后来刘彻多次惹怒窦太后，窦太后也一直没有废黜他。

刘彻的舅舅田蚡喜爱儒学，他给刘彻推荐了几个儒生，像赵绾、王臧，刘彻都让他们做了官。他们提出模仿古制、修订历法、改换朝服等建议，还说今后政事没有必要都听命于东宫窦太后的指示。窦太后知道后非常生气，立即要刘彻将赵绾、王臧二人革职，还找人揭发他们贪赃枉法、营私舞弊的罪行，将他们扔进了大牢。结果，赵绾、王臧自杀。看来只要窦太后在世，刘彻就没有办法再重用儒生了。

刘彻终于抓住一次机会插手朝政。当时闽越国（今福建省北部）侵犯东瓯国（今浙江温州市和台州温岭一带），东瓯派出使者向汉朝求救。窦太后不希望汉朝派出军队卷入此事，但刘彻私下里命中大夫严助征调会稽郡的水师去救东瓯。听到汉军发兵的消息，闽越军队就主动撤退了。东瓯王担心闽越会再次骚扰，便主动向汉朝请求将全国四万多人都迁移到庐江郡（今安徽巢湖）。

刘彻和严助深知私下调兵的后果，也做好了受罚的准备。可没想到，窦太后并没有大动干戈，反而把兵符交给了刘彻。窦太后意识到刘彻已经长大成人，不能再拿他当小孩管教了。果然，窦太后一去世，刘彻就迫不及待地要大干一场了。

消除匈奴后患

自从汉高祖刘邦在白登之战失利后，西汉就一直被匈奴欺负。而此时的西汉经过文景之治的休养生息，国力已经大大增强。刘彻渴望与匈奴来一场轰轰烈烈的大决战，然而朝廷里的畏战情绪很大。这也难怪，从白登之围到现在，汉朝被匈奴打怕了。汉武帝希望能找到和自己有共同理想的人，可以一起为了战胜匈奴这个雄心壮志而努力。

有一次，刘彻出宫去看望自己的姐姐平阳公主，喜欢上了她家的女仆卫子夫，并提拔卫子夫的弟弟卫青担任皇宫的卫队长。卫青原来是平阳公主家的骑奴，虽然出身低微，却很有军事才能。刘彻经常与卫青谈论与匈奴作战的事宜，庆幸自己找到了得力的助手。他对卫青说："你什么时候才能帮我去教训一下匈奴人？"卫青说："我随时听候陛下的命令。"刘彻说："我可不想你去打败仗，不然朝廷那些人就更害怕与匈奴人打仗了。"卫青说："只要知道匈奴人的作战优势，扬长避短，我就有信心与他们一战。"

当时，汉朝军队和匈奴军队交战，只要抓到了俘虏，都要押解到都城长安，献给汉武帝。刘彻从俘虏的口中得知，匈奴单于曾经打败大月氏（ròu zhī）国，还将大月氏国国王的头颅作为酒樽，大月氏人因此发誓要报仇。

得知这个消息后，刘彻非常兴奋，他想：如果能够争取到大月氏这个盟友，共同出兵打击匈奴，胜算就更大了。可是，匈奴当时势力很大，已经控制了西域的大部分地区。要通过匈奴的势力圈去联合大月氏国，难度和危险都很大。

刘彻左思右想，决定发布皇榜，招纳勇士来完成这一重大使命。结果，一个叫张骞（qiān）的官员揭下了皇榜。刘彻于是派遣张骞出使西域，寻找大月氏国。十三年之后，张骞历经千辛万苦才回到长安，给刘彻带回来许多重要的信息。

由于汉朝对西域的了解逐渐加深，汉朝军队在战场上也更加主动。卫青第一次带兵出征，就打了一次胜仗，打破了匈奴不败的神话，此后更是七战七胜，极大地鼓舞了汉军的士气。后来卫青的外甥霍去病也成为名将，打得匈奴人闻风丧胆。刘彻大喜过望，封他为冠军侯。

霍去病墓

卫青、霍去病的几次大胜，帮助刘彻解决了匈奴这个外患，匈奴势力往中亚一带转移。汉朝控制了河西走廊，与西域各国的

古代中国著名帝王 37

联系越来越紧密，并开通了"丝绸之路"。贸易的繁荣，让汉朝的国库更加充实，汉文化也影响了周边更多的国家和民族。"汉人"这一称谓就是那时候形成的，并一直保留到了今天。

汉武帝的大一统

解决外患，汉武帝仰仗的是卫青和霍去病这两位将军。可以说，他俩都是汉武帝不拘一格提拔起来的。"汉武盛世"离不开各种人才，他们都为汉武帝提供了必要的助力。

汉武帝提拔了商人之子桑弘羊。桑弘羊深得汉武帝的信任，掌控中央财政近四十年。在他的统筹运营下，汉武帝时期积累了丰厚的财富。最关键的是，他帮助汉武帝聚敛资财，用的不是提高赋税、增加老百姓负担的做法，而是让国家和民众都得到了实惠，因此备受后人赞誉。

汉武帝在位期间，实行的一系列经济改革都和桑弘羊有关。在桑弘羊的主持下，政府颁布了盐铁酒官营令，而且还整顿币制，发行通用的五铢钱。这一系列措施都有效增加了国家的财政收入。

汉武帝还采纳了董仲舒"罢黜百家，独尊儒术"的建议，使儒学占据了统治地位。董仲舒是儒学大家，他的"天人合一""大一统"思想正合汉武帝心意，很多建议也都被汉武帝采纳，例如创立太学，为汉朝培养了大量可用的人才。

汉武帝早年受到窦太后垂帘听政的制约，亲政后很多举措又往往受到丞相的抵制，这让他非常不痛快。按照汉朝祖制，丞相一职多由开国功臣或者贵族显要担任，他们往往比较保守，不像汉武帝那样大胆而激进。既然丞相不听话，汉武帝就经常寻找借口训斥、打压他们。这样一来，丞相的压力就大了，最后竟然导致朝中大臣都不愿意接任丞相之职，好像这是一只烫手的山芋。为了建立一个完全听命于自己的政府权力机构，汉武帝专门设立了中朝、尚书台，将很多儒生提拔进入核心机构，作为汉武帝的智囊团，帮助汉武帝出谋划策。

为了进一步加强中央集权，瓦解地方诸侯势力，汉武帝将全国分成了十三个监察区，每个区派出一名刺史，常年在地方办公，定时向汉武帝汇报。刺史的地位在当时是相当高的，相当于钦差大臣。有了这些刺史，一些诸侯更加不敢轻举妄动，中央对地方的控制得到了进一步加强。

巫蛊之祸

老年的汉武帝为人刚愎自用，再加上深信神怪诅咒之说，终于酿成大祸。

有一天中午，汉武帝正在午睡，忽然梦见几千个手持棍棒的木偶围攻自己，一下子就被吓醒了。汉武帝以为有人在诅咒他，就派江充去调查此事。

江充本就是个善于钻营、公报私仇的小人，因为事事都刻意迎合汉武帝，深得汉武帝的重用。得到汉武帝的授权之后，他马上意识到这是一个清除异己的大好机会。一时间很多人都被牵连了进来，像汉武帝的女儿阳石公主、诸邑公主和卫青之子长平侯卫伉等人，都相继被检举，丢了性命。江充还不肯罢休，率领胡人巫师在宫里四处挖地三尺，寻找木偶。江充还执意搜查皇后卫子夫和太子刘据的寝宫，用事先准备好的木偶陷害刘据。刘据发现后，盛怒之下派人假冒使者抓捕江充等人，把江充杀了。

有人趁机向汉武帝控诉刘据要谋反。汉武帝开始并不相信，派使者传召刘据。但是使者不敢去见刘据，造谣说："太子已经反叛了，还要杀我，幸亏我跑得快。"汉武帝信以为真，命令丞相刘屈氂（máo）率兵平乱。刘据无处申诉，只能逃离长安，后来行踪败露，自缢而死，皇后卫子夫也被迫自杀。

直到这时，汉武帝才意识到自己错怪了太子，可惜一切都不可挽回了。

临终托孤霍光

晚年的种种错误和打击使汉武帝心灰意冷，他也开始反思自己过去的所作所为，流露出了悔意。不久，汉武帝颁布《轮台罪己诏》，昭告天下："我从继位到现在，有些行为太过好大喜功给天下人造成了痛苦，我现在后悔已经晚了。从现在起，只要是损害百姓、浪费天下资财的事情，都要坚决杜绝。"他向天下人承认了自己的错误。

公元前88年，汉武帝开始考虑立储问题，他让画工画了一幅

汉武帝颁布《轮台罪己诏》

"周公背成王朝诸侯图"送给霍去病同父异母的弟弟霍光,希望霍光辅佐他的小儿子刘弗陵做皇帝。当时,刘弗陵年仅八岁,子幼母壮。为了防止出现后宫擅权的状况,刘弗陵的母亲钩弋夫人被责令自杀。

公元前87年,汉武帝立刘弗陵为太子,随后驾崩于五柞宫,享年七十岁。按照汉武帝遗诏,霍光成为汉昭帝刘弗陵的辅命大臣,与车骑将军金日磾(mì dī)、左将军上官桀、御史大夫桑弘羊等人共同辅佐朝政。

知识拓展：

①金屋藏娇

馆陶长公主问刘彻："彘儿长大了要娶媳妇吗？"刘彻说："要娶媳妇。"公主就指着左右侍女问刘彻想要娶哪个，但刘彻一个也不喜欢。最后公主指着自己的女儿陈阿娇问刘彻："把阿娇嫁给你做媳妇好不好？"刘彻很高兴，说："如果能娶阿娇做媳妇，我就造一座金屋子给她住。"公主听了之后非常高兴，后来数次请求汉景帝，终于定下了这门亲事。

②《淮南子》

《淮南子》由西汉淮南王刘安组织门客集体编写而成，今存原书内篇21卷，对道家思想进行了系统详尽的总结。书中有对诸子百家的评说，有天文地理、哲学思想、兵书军事、道德礼仪、医学内容，也有神话故事。很多成语都出自其中，像"塞翁失马""神出鬼没"等。

《淮南子》内页

第五章　中兴汉朝光武帝

中兴汉朝光武帝

【姓名】刘秀
【史称】汉光武帝
【朝代】东汉
【民族】汉族
【生卒年】公元前5年—57年
【主要成就】平定内乱，推翻新莽，开创"光武中兴"
【创举】中国历史上文化程度最高的皇帝之一

　　刘秀是汉高祖刘邦的九世孙，虽说他有着皇族的血统，但等到了他这一辈时，早就没有了世袭的爵位和财富，已经和一般的布衣平民没什么两样了。可是，刘秀借着新莽末年天下大乱之际，乘势起兵，统一天下。鉴于有西汉的皇族血统，他将自己建立的王朝也命名为汉，史称东汉。在完成统一大业后，刘秀总结了西汉灭亡的原因，采取宽仁治国的方针，致力于发展社会经济，安抚周边少数民族，使东汉恢复了兴盛局面，因此人们将刘秀统治的这段时期称为"光武中兴"。

汉光武帝刘秀

求学长安

在历代皇帝中，刘秀的学识是很高的，他在称帝之前曾是全国最高学府——太学①的学生。

刘秀九岁时父亲就去世了，他的母亲和兄弟姐妹只好在叔叔刘良的照顾下生活。到了十三岁，外戚王莽趁乱篡夺西汉政权，建立了新朝。十九岁时，刘秀来到长安，进入太学，学习《尚书》。《尚书》又称《书经》，是中国第一部古典文集。刘秀刻苦钻研《尚书》，细心琢磨，务求弄通弄懂，从而在历史、地理知识上大有长进。这奠定了他日后统军、治国的理论基础。

此时的刘秀虽说身处乱世，却还没有建国立业的伟大抱负。

想当年，他的先祖刘邦还会做做皇帝梦，而刘秀在长安见到执金吾[②]出行时有很多车马随从，只是感叹了一下："为官当为执金吾。"

从太学毕业后，刘秀回到自己的家乡，继续过着耕田种地、读书交友的生活。

起兵南阳

刘秀有一个大哥叫刘縯，他与刘秀截然不同。刘縯性格刚毅，胸怀大志。王莽篡汉后，刘縯不惜倾家荡产，结交天下英雄豪杰，收养侠义之士，为夺取天下暗中积蓄力量。在这一点上，刘秀兄弟的情况跟刘邦兄弟的情况很相似。当年汉高祖刘邦就交游甚广，不理家事，刘邦的二哥刘喜则在家专心治理家业。于是，刘縯就自比刘邦，还常常笑刘秀胸无大志。

不久，中原大地遭受了连年的水旱天灾，王莽新朝的统治又腐败无能，老百姓走投无路，赤眉、绿林、铜马等数十股大大小小的农民军揭竿而起，天下大乱。刘縯和刘秀见时机成熟，于是也在家乡南阳郡起兵造反。当时，他俩的叔叔刘良还在新朝做官，听到这个消息，刘良怒不可遏，把刘秀训斥了一顿："你和你哥哥的志向一向不同。现在怎么不好好治理家产，反而跟着他干这种事？"但事情已经闹了起来，刘良也没办法，只好听之任之了。

刘縯造反的地方是南阳郡的舂（chōng）陵乡，同乡的人一听说要造反，都非常害怕，说刘縯会害了大家，纷纷逃跑。但当人们看到刘秀也穿着将军服饰造反了，才稍稍安心，都说："像刘秀那样谨慎温厚的人都造反了，我们还怕什么？"于是都跟着造起反来。因为刘秀兄弟是在舂陵起事的，他们这支起义军就被称为"舂陵军"。

舂陵军的主力是南阳的刘氏子弟和本郡的豪杰，兵少将寡，装备很差，以至于在举义初期，刘秀是骑着牛上战场的。这也成为后世演义中的一段佳话，后人称刘秀为"牛背上的开国皇帝"。随着形势的发展，为了加强反莽力量，舂陵军加入了绿林军，与绿林军一起多次击败王莽军队，成为绿林军中一支很重要的力量。

大战昆阳

公元23年，绿林军的将领们拥立西汉的皇族后裔刘玄为帝，称为更始帝。同是皇族后裔的刘縯、刘秀兄弟虽然不高兴，但因为绿林军人多势众，自己力量弱小，也只好认可。后来，刘縯被封为大司徒，刘秀被封为太常偏将军。

更始帝刘玄即位后，派手下的王凤、王常和刘秀一起去进攻昆阳（今河南叶县）。他们很快就攻下了昆阳，接着又攻下了临近的郾城（今河南郾城县）和定陵（今郾城县西北）。这一系列胜利震惊了新朝朝廷，王莽急忙调兵遣将，集结了四十多万兵马，号称百万雄师，命司空王邑和司徒王寻率领，前往镇压。此

刘秀大战昆阳

时,刘秀的兵力不足一万。绿林军将领们在昆阳城头看见王莽浩浩荡荡的人马,早就慌了神儿,纷纷主张放弃昆阳撤退。刘秀认真分析了当前的形势,鼓励众将领:"现在我们的粮草已不多,虽说敌军人多势众,但敌人是长途跋涉而来,若我们合力抗敌,还有打胜的希望。要是撤退,昆阳一失,力量分散,我方力量必然会被逐个消灭。"各路将领觉得刘秀说的有道理,就都留下来与新朝军队决一死战。

王寻、王邑的军队刚到昆阳,刘秀就趁敌军还没有站稳脚跟,先发制人,亲自指挥先锋部队冲杀过去。敌军被打了个措手不及，乱了阵脚，被迫后退。刘秀又率领三千人组成的敢死队，从城西直冲敌军的中军。中军由王邑、王寻亲自指挥，他们见刘秀人少，就没当回事儿，下令大军各守营地，不得擅动，只率领一万人迎战，结果大败。其他人马因没有军令，又不敢轻易离营救援，结果王寻被杀。

昆阳城里，王凤、王常见刘秀打了胜仗，打开城门直冲出来，与刘秀两面夹攻，逼迫新朝队四处奔逃，相互践踏，尸横遍野，王邑只带着几千人逃回洛阳。

昆阳一战，消灭了新朝军队的主力，敲响了王莽政权的丧钟。接着，绿林军乘胜直捣长安。公元23年，绿林军攻入长安，新朝覆灭。刘縯、刘秀也因此声名鹊起。

另立门户

昆阳大战之后，刘秀马不停蹄地南下攻城略地。而此时，刘縯、刘秀兄弟的声望越来越高，引起了更始帝刘玄和其他将领的猜忌。于是，刘玄找借口杀了刘縯。大哥被更始帝所杀，对刘秀来说，无疑是一个巨大的打击。刘秀清楚地知道，自己的性命也处于危险之中，稍微流露不满，自己也会被杀掉。为了不让刘玄猜忌，刘秀强忍悲伤，亲自向刘玄请罪，并且表示大哥犯上，自己也有过错，并处处谦恭，不穿孝服，不办丧事。刘玄见刘秀如此作为，有些愧疚，就任命刘秀为破虏大将军，封武信侯。但刘玄还是把刘秀留在宛城，不让他出去带兵。

当时，新莽王朝虽然覆灭，但是河北地区（当时指黄河以北）的各个州郡都没有归顺更始政权，还有在山东的赤眉起义军势力也非常大。刘玄想找一个有威望的将领去这些地方，收服这些割据势力。他本不想让刘秀去，但是寻遍朝廷，却又找不到有这样能力和实力的人。经过一番争议，他最后还是派刘秀去了。

刘秀初到河北地区，兵少将寡，地方势力各自为政，根本没有人理他，一度还被河北地区势力最大的王朗追剿，多次陷入窘境。后来，刘秀收编各路农民军，招揽了邓禹、冯异、寇恂、铫期、耿纯等人才，召集人马，壮大声势，还联合了信都、上谷、渔阳等地的地方势力，兵力越来越壮大。由于刘秀为人宽厚，纪律严明，众人一旦归心，就都死心塌地地跟着他。

刘玄见刘秀的势力在河北地区日益壮大，内心极为不安，于是派使节赶到河北，封刘秀为萧王，同时派人监视刘秀的动向，命令他停止一切军事活动，立即与有功的将领一起回到长安领赏。刘秀以河北未平为由，拒不领命。后来，刘秀被逼得急了，就杀掉了刘玄派来监视他的人，公开与更始政权决裂。

成就帝业

公元24年秋天，刘秀调集兵力进攻占据河北的铜马起义军，经过激战，打败并收编了数十万农民军。由于收编了铜马军，刘秀的军事实力大大增强，当时人们甚至称刘秀为"铜马帝"。

不久，赤眉军向长安进兵，向更始政权发起了进攻。刘秀认为争夺天下的时机已经到来，便将河北的事务一一安排妥当，积极备战。此时，刘秀的部下们纷纷请求刘秀称帝。于是在公元25年，刘秀在河北鄗（hào）城的千秋亭称帝。因为他是西汉皇族后裔，为了表示要复兴汉室，刘秀仍然使用国号"汉"，史称"东汉"。

即位后，刘秀进攻的第一个大城市就是洛阳。当时驻守洛阳的是李轶、朱鲔（wěi）。这两个人都曾劝刘玄杀掉刘縯，是刘秀的杀兄仇人。

李轶在刘秀大军的包围下，给刘秀送信表示自己愿意归降。刘秀却故意在洛阳城内散播消息。朱鲔知道后，非常生气，于是派人刺杀了李轶，引起洛阳守军的混乱，士气也随之大落。

刘秀一箭双雕，既分化瓦解了敌军，又借刀除掉了仇人。之后，刘秀又派人去劝朱鲔投降，表示如果朱鲔投降，不仅不会被杀头，还能保住他的官爵。朱鲔在军心涣散、外无援兵的情况下，只好投降。刘秀大喜，任命朱鲔为平狄将军，封为扶沟侯。

进入洛阳，刘秀下令严禁士兵烧杀抢掠，使民心归顺。然后，刘秀把自己的都城就建在了洛阳。

而在长安那边，更始政权与赤眉军激战正酣。刘玄的军队最终不敌，死伤惨重，刘玄也被赤眉军吊死了。这样，刘秀最大的对手就只剩下赤眉军了。

赤眉军虽然势力庞大，但也有自己的弱点，就是没有战略眼光。他们常常是攻下一座城，洗劫一空后，再寻找下一个目标，没有一处像样的根据地。赤眉军在与刘秀大军的争斗当中，虽说互有胜负，但总处于游荡之中的赤眉军后勤供应困难，兵员补给跟不上，很快就打不动了。

公元27年，兵困粮乏的赤眉军在宜阳被刘秀亲率大军包围，十多万赤眉军已经饿得毫无战斗力，只得投降。

消灭赤眉军之后，刘秀又经过十几年的时间，才最终结束了西汉末年群雄割据的局面，统一了天下。

励精图治

刘秀平定天下之后，总结了西汉王朝衰亡的经验，确立了一套治国方略，其核心就是偃武修文，以柔治国。

从新朝末年天下大乱，一直到东汉统一天下，历经了二十多年的战乱，百姓伤亡惨重，再加上遇上旱灾，战死、饿死和病死的人不计其数。因此，刘秀除非到了紧急时刻，从来不谈论军事问题。太子曾向他问起有关打仗的事，他说："这个问题不是你能涉及的。"有一次，有人上书建议抓住匈奴内部分裂又遭受严重灾荒的时机，用几年时间一举消灭匈奴，刘秀也坚决地否定了这个提议。罢兵息战，使东汉百姓的生活安定了下来。

为了使饱经摧残的国家尽快恢复，刘秀还坚持以柔治国的方针：首先，在攻城打仗的时候，刘秀注重安抚，而不轻易屠杀，敌军的士兵多是被遣散回家种地；其次，刘秀解放奴婢，改善奴婢的生活状态，让他们去耕种，使战后大量的荒地得到开垦。第三，刘秀减轻赋税，兴修水利，极大地减轻了人民的负担。

因此，到了刘秀统治末期，东汉人口增长到了两千多万，中原大地恢复了生机。这段时期也被史学家称为"光武中兴"。

公元57年，刘秀在洛阳逝世，享年六十二岁。刘秀在去世前还留下遗诏说：我的后事务必要节俭，外地的官员不要来吊唁，也不要派人或通过驿站寄吊唁函。

刘秀逝世后，谥号光武皇帝，因此后世称其为"汉光武帝"。

知识拓展：

①太学

太学可以算是我国古代的大学，最早是西汉的汉武帝采纳董仲舒的建议，在京师长安建立的。最初的太学只招收五十名学生，教的内容也只是儒家的五经——《周易》《尚书》《诗经》《礼记》《春秋》。到了新朝王莽时期，太学传授的科目和学生人数逐渐增加，学生最多时有一万多人。

②执金吾

执金吾是西汉时负责京城和皇宫保卫工作的官员。因为地位重要，所以职位也很高，出巡时排场很大，有史书描述为"带领骑兵二百人，拿着兵器的步兵五百二十人，前呼后拥，耀武扬威"。因此，刘秀感叹：做官就要做执金吾这样的官。

第六章　乱世枭雄魏武帝

乱世枭雄魏武帝

【姓名】曹操
【史称】魏武帝
【朝代】东汉
【民族】汉族
【生卒年】公元155年—公元220年
【主要成就】统一北方，开创建安文学
【创举】引导了一个新的文学流派

曹操是一个多才多艺的人。细数其一生的成就，他可以算是文学家中仗打得很好的，书法家中政绩很好的，军事家中字写得很好的，皇帝中文章写得很好的。

政治方面，曹操虽然终其一生都未称帝，但他"挟天子以令诸侯"，是曹魏政权的实际缔造者；军事方面，曹操向来是亲自率兵出战，尤其是"官渡之战"创造了军事史上以少胜多的著名战例；文学方面，他开启了建安文学这一新的文学流派，给后人留下了宝贵的精神财富；甚至在书法方面也有不凡的成就。

魏武帝曹操

顽皮少年

曹操是东汉时期沛国谯县人，出生于官宦之家，他的父亲曹嵩（sōng）是大宦官曹腾的养子，曾当过司隶校尉①、大司农②，后来甚至花钱买了个太尉③来当。曹嵩虽然官做得很大，但因为曹家不是门阀世族，所以社会地位并不高，跟东汉末年"四世三公④"的袁氏家族相比差得很远。

小时候的曹操非常顽皮，按照现在的说法，他就像那些"三天不打，上房揭瓦"的"熊孩子"。曹操的叔叔很不喜欢他这样，总到曹嵩面前告状，要曹嵩对儿子严加管教。挨训的次数多了，曹操也不干了，于是想出了一个鬼点子，要解决叔叔老告状这个问题。

有一次，曹操在后院遇到叔叔，马上装出一副口眼歪斜的样子。叔叔见状感到奇怪，问他怎么了。曹操吃力地说自己中风了。叔叔见曹操病得厉害，赶紧前去告诉曹嵩。曹嵩一听，大吃一惊，急忙叫上大夫一起去看曹操。等找到曹操一看，曹操毫无病容，一切正常，正玩得高兴呢。曹嵩便问曹操："你叔叔说你中风了，已经好了吗？"曹操说："我哪里中风了？叔叔向来都不喜欢我，故意在你面前造我的谣罢了！"从此，曹嵩就对曹操的叔叔产生了疑心，曹操的叔叔再来告曹操的状，曹嵩也不再相信了。曹操从此便可以随心所欲地玩了。

曹操虽说顽皮，但其本性并不坏，而且曹氏一家为官也还清廉。祖父曹腾虽说是宦官，却是宦官中品性比较好的一位。父亲曹嵩做事谨慎，为人忠厚。生长在这样的家庭环境中，曹操逐渐养成了疾恶如仇、敢作敢为的品性。

锋芒初露

二十岁时，曹操被地方举为孝廉[5]，然后到都城洛阳去做官，开始步入仕途。不久，他被任命为洛阳北部尉，负责都城洛阳部分地区的治安。因为洛阳是东汉的都城，是皇亲贵族聚集之地，所以很难治理。曹操一上任，马上宣读禁令，严明法纪，还命人造了十几根五色大棒，挂在官衙大门的两侧，有违法乱纪的，一律用五色棒处死。有一次，皇帝宠幸的宦官蹇（jiǎn）硕的叔叔蹇图违反了夜行禁令，曹操毫不留情地将蹇图用五色棒打死。这件事马上震动了京城，没有人再敢以身试法，洛阳的治安也好了很多。

后来，曹操被任命为议郎。他上书汉灵帝，为陈蕃、窦武等遭陷害的正直大臣申冤，揭露朝廷奸臣当道、豪强当道、宦官误国等弊端。但东汉朝政日益腐败，凭曹操一人之力，已难回天了。

公元184年，黄巾起义爆发。曹操因镇压颍川一带的起义军有功，被提拔为济南国相。当时，他管辖着十多个县，县里的官吏和地方的豪强贵族互相勾结，贪赃枉法。曹操之前的国相都睁一只眼闭一只眼，置之不理。曹操上任之后，决心整顿吏治。经过仔细调查，曹操上奏朝廷，一下子就罢免了一大批贪官污吏，整个济南为之震动，作恶多端的人纷纷逃离济南，济南才逐渐变得政治清明，秩序安定。

没过几年，汉灵帝在洛阳西园招募壮丁，筹建新军，任命曹操为西园八校尉的典军校尉。曹操应召又回到了洛阳。

变乱骤起

公元189年，汉灵帝驾崩，十四岁的太子刘辩登基，称汉少帝。外戚大将军何进想借汉灵帝逝世、宦官失势的机会诛灭宦官，就招董卓进洛阳来帮忙。于是，董卓带着一支野蛮的军队杀进了洛阳。到洛阳后，这支军队烧杀抢掠，无恶不作。董卓还仗着自己武力强大，废掉了汉少帝刘辩，另立九岁的刘协为帝，称为汉献帝。然后董卓独揽朝政，自封为太尉、相国，让汉献帝成了傀儡（kuǐ lěi）皇帝。此时，各地的郡守、豪强以讨伐董卓的名义纷纷起兵。由于没有统一的指挥，这些地方武装均没有打败董卓的信心，反而大多是想趁乱扩大自己的势力。从此，天下大乱。

曹操非常痛恨董卓的暴行，不愿意与他合作，便趁乱逃出洛阳。他一路上改名换姓，历尽艰险来到陈留（在今河南开封）。在陈留，曹操联合他的堂弟曹仁、曹洪等人，很快建立起一支队伍，正式起兵讨伐董卓。

公元190年，曹操和各路讨伐董卓的军队组成联军，大家推举袁绍做盟主。可是，联军各部全都互相观望，按兵不动，每日饮酒聚会，根本没有作战的打算。曹操见状，非常气愤，带着自己的部队出发，准备单独与董卓决战。然而曹操势单力薄，还没到洛阳，就被董卓的大将徐荣打败，曹操损兵折将，自己还负了伤，逃出战场。因为认清了联军的本质，曹操知道自己不能再依靠这些地方军阀，于是离开联军，开始扩充自己的军队。

曹操先是招募人马，充实自己的实力，然后在公元192年，打败了青州的黄巾军，一下子就有三十几万黄巾军士兵向他投降。曹操从投降的士兵中挑选了一部分精锐力量，编入自己的军队，从而大大增强了自己的武装力量，真正具备了与各地军阀豪强竞争的实力。

恰在这一年，天下局势发生了很大的变化。残暴的董卓被王允和吕布合谋杀死。董卓的部将又杀了王允,京城再度陷入混乱之中。

董卓死后,联军自然解散,可是没有人再听皇帝的号令,而是彼此之间互相混战,借机扩张地盘,形成了军阀混战、群雄逐鹿天下的局面。

官渡之战

公元196年,曹操把汉献帝迎到许昌,然后以汉献帝的名义,对全国各地发号施令,这就是著名的"挟天子以令诸侯"。这种做法,使曹操获得了极大的政治优势。此后几年,曹操带着自己的军队讨张绣,征袁术,杀吕布,势力越来越大。这时,他与当时北方最大的袁绍军事集团之间的决战,就在所难免了。

袁绍家族是东汉末年著名的世家大族,袁氏家族四世三公,门生故吏遍布天下。袁绍仗着自己家底丰厚,人脉广阔,拼命扩充军队,抢占地盘,据有冀、并、幽、青四州(今河北、山西、山东等地),拥有黄河以北广大地区。

袁绍对曹操的日益壮大也深感不安,但他自恃兵多将广,挑选十万精兵,战马万匹,于公元199年进兵白马(今河南滑县北),率先对曹操发起了进攻。

此时,曹操的实力比袁绍要弱很多,他所占领的黄河以南地区,地盘既小,又因为连年征战,处处残破不堪,连后勤补给都有困难,而且曹操的总兵力也不过几万人。

官渡之战

面对强敌，曹操毫不畏惧。他先派精锐部队突袭白马的袁军，杀了袁绍大将颜良，解了白马之围。在救出白马军民撤退的途中，曹操又出奇计，阵斩袁绍另一大将文丑。颜良和文丑都是河北名将，分别被杀，曹军声威大震。初战得胜后，面对铺天盖地而来的袁军主力，曹操主动撤军，退守官渡（今河南中牟县东北）。

在官渡，袁军向曹操发起了猛攻，但曹操兵来将挡，水来土掩，两军相持近两个月。久战之下，曹操的处境变得极为困难。这时，袁绍的谋士许攸来投奔曹操，并献计让曹操偷袭袁绍用来屯粮草的乌巢（今河南延津县境内）。曹操大喜，亲率五千人趁夜从小路偷袭乌巢，把袁绍的万余车粮草烧了个精光。消息传开，袁绍军心大乱，曹操乘势进攻，一举歼灭袁军主力，袁绍丢盔弃甲，逃回黄河以北。

官渡之战，曹操以少胜多，奠定了统一北方的基础。战后不久，袁绍忧愤而死，他的两个儿子袁谭和袁尚不和，互相厮杀。曹操乘机北伐，袁谭投降，袁尚被杀，曹操夺得冀、并、幽、青四州，完成了统一北方的大业。

赤壁折戟

曹操在统一北方之后，踌躇满志，打算一鼓作气，统一整个中国。

当时，南方的主要势力有占据荆州（今湖北等地）的刘表和拥有江东（今长江下游的江南地区）的孙权，刘备还没有自己的地盘，带着自己的两万人马借住在荆州的樊城。

公元208年，曹操挥师南下，进攻荆州。仗打了还不到一个月，刘表就因病去世。刘表的儿子刘琮胆小怕事，献荆州投降。刘备听说刘琮投降了，便率军向江陵撤退。江陵是荆州重镇，存有大量军用物资。曹操听说之后，怕江陵落入刘备之手，便亲率军队在当阳长坂追上刘备，大败其军队，然后自己进驻江陵。刘

赤壁之战

备被打败后，只得放弃江陵，逃往夏口。

　　解决了荆州，曹操把目标瞄准了江东。他在收服荆州的过程中，尝到了不战而屈人之兵的甜头，于是便想也兵不血刃地拿下江东。曹操先给孙权写了封信，进行劝降，吓唬孙权说，将率八十万大军到江东围猎。

　　孙权收到信后，非常紧张，马上召集部下商议。曹操这封恐吓信的作用还真不小，江东马上分成两派，一派主降，一派主战，而且投降派占大多数。在这个关键时期，刘备派诸葛亮去游说孙权。诸葛亮和主战派将领周瑜等人给孙权详细分析了对曹操

乱世枭雄魏武帝

作战的有利形势，促使孙权下定决心抵抗曹操，孙权也与刘备结成了反曹联盟。

见恐吓没起作用，曹操便率着他的水陆大军顺江而下，与孙、刘联军相遇于赤壁。当时，曹操的军队有二十几万人，孙、刘联军只有五万人左右，曹军在数量上占有绝对优势。但是，曹军也有许多不利条件：他们长途跋涉而来，士兵疲惫；人数众多，后勤补给困难；北方士兵到了南方水土不服，不擅长水战；一部分新收编的荆州降兵士气低下、狐疑不定，等等。相比之下，孙、刘联军虽说士兵数量少，但士气高昂，善于水战，而且大敌当前，两军能团结一致，供给充足，以逸待劳。

曹军与孙、刘联军在赤壁初次交战之后，曹军不利，于是曹操就把军队撤往江北的乌林。北方的士兵因为不适应战船的摇晃，好多人因为晕船而无法战斗，曹操便命人将大船首尾相连，使北方士兵也能如履平地。周瑜见状，马上发现了曹军的弱点，命黄盖诈降，接近曹军，使用火攻。这一招不仅将曹操的舰船化为灰烬，还波及岸上的军营。曹军因此大乱，被烧死和淹死的士兵不计其数。孙、刘联军乘势进攻，曹操无力再战，只得逃回江陵，最后退回了北方。

赤壁之战也是我国历史上以少胜多的著名战役，它奠定了东汉末年三国鼎立的基础。

此后的几年，曹操征关中，平汉中⑥，基本上统一了长江以北地区。公元220年，曹操还军洛阳，并在洛阳因病去世，终年六十六岁。

曹操生前未能完成统一中国的大业，但他几十年的努力为之后曹魏灭蜀、西晋灭吴打下了基础。而且，曹操一生都没有自立

赤壁遗址

称帝。他死后不到一年，他的儿子曹丕称帝，建国号为魏，追认曹操为太祖武皇帝。

知识拓展：

①司隶校尉

　　司隶校尉是西汉时期由汉武帝开始设置的官职，主要负责纠察京师百官。东汉之后，其权力更大，宫廷内外，无所不纠。该官职一直到西晋时期都存在。

②大司农

　　西汉汉武帝将大农令改称大司农，位列九卿，掌管全国租赋收支和国家财政开支。东晋、南北朝之后，有的朝代将此官职工作划归尚书省主管。明朝的时候归入户部。大司农相当于后来的户部尚书。

③太尉

　　太尉是战国时代就出现的官职，不同朝代的职权不太一样。东汉时，太尉为全国军政首脑，与司徒、司空并称"三公"。

④四世三公

　　四世三公是指袁绍家族中四代里连续有人担任了"三公"的职务。分别是高祖父袁安，官拜司徒；祖父袁汤，官拜太尉；父亲袁逢，官拜司空。

⑤孝廉

　　孝廉是汉代选拔官吏的科目，多为郡、国推荐。孝指孝顺父母，廉指品行廉洁。举孝廉者多任为郎，尤其在东汉时是做官的必由之路。

⑥征关中，平汉中

　　关中和汉中在不同朝代的范围大小不一。三国时期的关中大致是在西安一带，汉中大致是秦岭以南，米仓山、大巴山以北的陕西南部地区。

第七章　变法图强孝文帝

变法图强孝文帝

【姓名】拓跋宏
【史称】孝文帝
【朝代】北魏
【民族】鲜卑族
【生卒年】公元467年—公元499年
【主要成就】发展生产，推行汉化，促进民族融合

　　拓跋宏是北魏的第六位君主。北魏由鲜卑族①的拓跋珪于公元386年建立，国号为"魏"，为区别于曹丕所建的魏，拓跋珪所建的魏在历史上被称为"北魏"。它是中国南北朝②时期北朝的第一个政权。

北魏孝文帝拓跋宏

幼年登基

拓跋宏是北魏献文帝拓跋弘的长子,公元467年出生于平城③。他两岁时就被立为太子,刚刚五岁时,献文帝就把帝位让给了拓跋宏,自己做了太上皇。

拓跋宏十岁的时候,献文帝就去世了,于是拓跋宏由祖母冯太后亲自抚养。

因为冯太后是汉人,所以教给拓跋宏的大都是汉族的文化和礼仪。拓跋宏也非常勤奋好学,不仅认真地学习了儒家的经典,而且对诸子百家都有涉猎。他还学会了吟诗作赋,文章也写得非常好。冯太后对他要求很严格,如果拓跋宏有什么地方做得不好,就要挨骂,甚至还会挨打。

当拓跋宏年纪还小的时候，国家大事都是由冯太后代为处理。随着他渐渐长大，冯太后开始指导他如何处理政事。

鲜卑族作为少数民族，最初只是一个游牧民族，还处于奴隶制社会阶段。当拓跋珪建立北魏、基本统一北方之后，和汉人融合在一起，便逐渐向封建制社会转变。但是奴隶制的残余势力仍然很强大，为了更好地进行统治，改变落后的统治制度，向汉人学习是必然的选择。

冯太后指导拓跋宏执政时，推行了一些改革措施，其中最重要的是"均田制"和"三长（zhǎng）制"。

均田制主要是保障不同身份的老百姓都能得到相应的土地耕种。这使广大的农民在一定程度上获得了土地，农民的生产积极性大大提高，大量的荒地被开垦，促进了北魏由游牧经济转变为农耕经济。

三长制则对户口检查、征收赋税和兵役徭役进行了详细规定。这限制了贵族、官僚、地主对农民的残酷剥削，避免了国家的赋税流入贵族和地主的腰包，使国家的财政收入大大增加。

这两项改革措施都产生了很好的效果，北魏的经济得到了发展。

公元490年，冯太后病死，拓跋宏开始亲政。

迁都洛阳

孝文帝拓跋宏亲政后要办的第一件大事，就是要把都城从平城迁到洛阳。

在当时，平城的位置很偏僻，离中原汉文化繁荣地区有很远的距离，不利于拓跋宏学习和传播汉文化。另外，平城一带气候寒冷，风沙又大，农业生产条件不好，粮食供应经常发生困难。在军事上，平城还处于北方游牧民族柔然的直接威胁下，极不安全。一系列的不利因素，让拓跋宏认为迁都势在必行。

之所以要迁都到洛阳，是因为洛阳地处农业发达的中原地区，水陆交通都很方便。而且在北魏之前，洛阳还长期作为各朝代的政治中心，东周、东汉、曹魏、西晋都在此定都。把都城迁到洛阳有利于学习中原文化，加强与汉族地主阶级的联系，强化对北魏政权的统治，还能减少鲜卑贵族势力的束缚和影响，方便推行进一步的改革。

可是，守旧的贵族们强烈反对都城南迁，孝文帝不能直接提出迁都计划，于是他想了一个办法。

公元493年秋，孝文帝声称要发兵进攻南齐，并亲自统领三十万军队从平城开始南征。大军走到洛阳的时候，正赶上雨季，绵绵秋雨下了一个多月，道路泥泞，行军困难。孝文帝仍然下令继续南行。大臣们本来就不想出兵伐齐，遇到这场秋雨，行路不畅，便纷纷进言停止南征。拓跋宏趁机对大臣们说，这次南征劳师动众，影响很大，若连敌人都没有看到就无功而返，成何体统？如果大家认为不宜再南下，那我们就把都城先迁到洛阳来，等待机会再攻南齐。这么一说，大臣们又犹豫了，孝文帝便

今天的洛阳城景象

下令让同意迁都的站左边,不同意的站右边。大臣们骑虎难下,只好说只要陛下同意停止南征,他们就赞成迁都。于是,孝文帝通过自导自演的这场戏,顺利解决了迁都这个大难题。

第二年,孝文帝又亲自赶回原来的都城平城,说服了留在那里的贵族也迁到洛阳。

就这样,孝文帝才算把北魏的都城踏踏实实地迁到了洛阳。

然而,一直反对迁都的守旧势力没有善罢甘休,他们密谋在平城建立一个和洛阳对抗的政权,甚至太子拓跋恂也参与了谋反。孝文帝得知此事,下令将太子逮捕,废掉了他的太子身份,

北魏孝文帝拓跋宏推行汉化

并将他处死。

大贵族穆泰等人在太子死后，在平城发动武装叛乱，孝文帝又派得力大臣坚决镇压了这场叛乱。

推行汉化

迁都洛阳之后，孝文帝终于可以大刀阔斧地进行更深一步的改革了。

公元494年，孝文帝下令禁止穿鲜卑服装，一律改穿汉族服装。

公元495年，孝文帝明令禁止在朝廷中使用鲜卑语，把汉语作为唯一的通用语言。

公元496年，孝文帝又下令将鲜卑族的复姓改为汉姓。他自己带头将皇室姓氏拓跋氏改为元氏，所以后来的人又称孝文帝为元宏。其他的像丘穆陵氏改为穆氏，独孤氏改为刘氏，等等。

同时，孝文帝下大气力改革官制，他依照魏晋的官员管理方法，设立了三师三公、尚书等职务，按官阶和职务领发俸禄，把政权机构做了个大改造。

为了更好地加强鲜卑贵族和汉族地主阶级的关系，改变鲜卑贵族的风俗习惯，孝文帝还鼓励鲜卑贵族和汉族的名门望族通婚。他自己就立陇西李冲的女儿为皇后，还给他的五个弟弟娶了汉族大姓的女儿做正妻。同时，孝文帝也把公主嫁给了汉族的名门望族。

孝文帝推行这些汉化措施，主要目的是为了在鲜卑人入主中原的情况下，有效维护北魏政权的统治。汉化措施的推广不但缓和了当时的民族矛盾和阶级矛盾，推动了鲜卑族的进步，还促进了民族大融合，这充分表现出了孝文帝元宏的远见卓识和非凡勇气。

孝文帝不仅是一位眼光远大的改革家，也是一位难得的明君。

他重视人才，用人不拘一格。只要是人才，无论是鲜卑族还是汉族，他都予以重用。

孝文帝重视听取别人的意见，只要大臣说得对，他就积极采纳，真正做到了从善如流。

孝文帝心胸宽广。有一次，侍者不小心把热汤溅到了他的手上，将他的手烫伤了。侍者吓得面如土色，但孝文帝只是微微一笑，并不怪罪。

孝文帝处理政事非常勤奋。他还倡导节俭，经常身着粗布衣衫，骑没有马鞍的马。

公元497年夏天，孝文帝见时机成熟，于是发兵二十万，南征南齐。

这次南征没有取得多大的成功，在宛城（在今河南省南阳）还中了南齐南阳太守房伯玉的埋伏。不久，南齐齐明帝驾崩，信奉儒家的孝文帝下诏说"礼不伐丧"，便撤兵了。回军途中，孝文帝因为征伐太过劳累，得了重病。公元499年，孝文帝感觉自己身体状况有所恢复，又御驾亲征，想完成他统一中原的梦想。但当大军走到半路时，他的病情加重，因病逝世，享年三十三岁。

孝文帝虽英年早逝，但他推行的汉化改革，极大地促进了民族融合和社会发展。他的远见和勤政、宽厚与节俭，使他成为中国历史上的一代明君。

知识拓展：

①鲜卑族

鲜卑族是继匈奴之后在北方崛起的游牧民族，兴起于大兴安岭，是魏晋南北朝时期对中原影响最大的游牧民族。鲜卑族起源于东胡族。秦末汉初，东胡被匈奴的冒顿单于打败，分为两部，分别退居乌桓山和鲜卑山，以山名作为族名，形成乌桓族和鲜卑族。鲜卑族建立政权后，部落大都解体，人民多转向定居农业生产，随着封建化进程的加深，尤其经过孝文帝汉化改革后，同各民族的融合加快。到了隋唐时期，鲜卑族逐渐消亡。

②南北朝

南北朝并不是中国的一个朝代，而是指中国历史上一段特定的时期。这段时期中国的南方和北方长期保持对峙，但分别各有朝代更替。北朝分别有北魏、东魏、西魏、北齐和北周五个政权。南朝有宋、齐、梁、陈四个政权。南北朝时期上承东晋十六国，下启隋唐，是中国历史上一段大分裂的时期。

③平城

今山西省大同市，北魏中期都城。

第八章　开皇之治隋文帝

开皇之治隋文帝

【姓名】杨坚
【史称】隋文帝
【朝代】隋朝
【民族】汉族
【生卒年】公元541年—公元604年
【主要成就】建立隋朝，结束分裂，改革选官制度，开创开皇之治
【创举】其统治下的隋朝达到了中国农耕文明的一个高峰

隋文帝杨坚成功统一了分裂已有数百年的中国，开创了先进的选官制度，直接催生了影响中国一千多年的科举制。他发展文化经济，使当时的中国成为盛世王朝，达到了我国封建时期的一个高峰，被称为"开皇之治"。杨坚是中国历史上伟大的皇帝之一。

隋文帝杨坚

出身名门

杨坚出身于"弘农杨氏"①,"弘农杨氏"是中国历史上著名的名门望族。

杨坚的父亲杨忠在西魏时期投靠了当时手握实权的大臣宇文泰,后来因为功勋卓著,特别是帮助宇文泰的儿子宇文觉建立了北周政权,于是官拜柱国②、大司空,后被封为随国公。

公元541年,杨坚出生于同州(今陕西大荔)般若寺。杨坚出生的时候,杨忠已经三十五岁了,算是中年得子。当时的人信佛,为了祈求平安,得到佛祖的保佑,杨忠将自己房屋的一部分改作寺院,请鼎鼎有名的尼姑智仙来做住持,然后把杨坚送到寺院中寄养。

古代中国著名帝王

一直到十三岁，杨坚都待在寺院中，接受智仙的教育。智仙给杨坚起了个小名，叫那罗延。罗延是梵文金刚力士的意思。金刚力士是佛教的护法神，他左手持剑，右手持叉。智仙希望杨坚能像金刚力士一样勇猛无畏，建立战功。

十三岁那年，已经是少年的杨坚出寺回家，转入太学学习。

十四岁时，杨坚靠着父亲的关系在西魏的都城长安做了官。仰仗家族的影响力，杨坚的官越做越大。等北周武帝即位时，不满二十岁的杨坚就已经做到随州刺史了。

杨坚十六岁时，在父亲的操办下，娶了十四岁的独孤伽罗为妻。独孤伽罗的父亲是独孤信，杨忠与独孤信从西魏到北周一直都是战场上生死患难的兄弟，而且独孤家族的地位和势力比杨家还要大。所以两家的联姻可谓是门当户对，而且小两口的感情一直很好，即使后来杨坚当了皇帝，也只有这一位皇后，没有其他的嫔妃。

夺取政权

公元578年，周武帝去世，周宣帝即位。杨坚的长女做了宣帝的皇后，杨坚也升任上柱国、大司马，开始掌握朝政大权。年少的周宣帝不理朝政，昏庸荒淫，又劳民伤财地修建洛阳宫，弄得民不聊生，怨声载道。于是，杨坚便琢磨着取而代之。

杨坚的图谋多多少少让周宣帝有所察觉，但是因为杨坚位高权重，又是自己的岳父大人，在没有真凭实据的情况下，周宣帝也不好随意处置他。

此时，杨坚也觉察到了周宣帝的猜疑，为了避祸，他想离开京城到地方上任职。于是，杨坚找到了自己的好朋友、内史上大夫郑译，请他来帮忙。

恰在此时，周宣帝一时心血来潮，打算出兵南征。借这个机会，郑译便推荐杨坚去做扬州总管。可是，还没等大军出征，周宣帝就一病不起。趁这个机会，杨坚在皇帝近侍刘昉、颜之仪和郑译的帮助下，做了一个假诏书，宣布由杨坚来总理朝政，辅佐刚刚八岁的周静帝宇文衍。不久宣帝驾崩，杨坚等人并不立即公布消息，而是持假诏书夺取了京城部队的指挥权，待一切准备就绪后，才发布了皇帝去世的消息。

此时的杨坚虽然实际上已经是北周政权的最高统治者，但如果想做皇帝，当务之急就是要清除一些北周的皇族势力。

第一个对象就是周静帝的叔叔宇文赞，他在朝廷中的地位和杨坚不相上下。于是杨坚先派人游说宇文赞，说皇帝的宝座早晚是他的，所以就不必再像之前那样辛苦地参议政事了，安心回家等着就行了。对于这样一番话，二十多岁的毛头小伙儿宇文赞竟然真相信了，于是就美滋滋地回家等着当皇帝，不理朝政了。

杨坚还有一件重要的事情需要实施，就是消灭五王。北周皇族在地方上分封了五个王爷，每个王爷手握重兵，称霸一方。如果他们联合起兵，杨坚很难应付。于是，杨坚在他们得知宣帝病逝的消息之前，用假诏书将他们召回京城，然后收缴了他们的兵符印信。五王被骗后，十分气愤，便策划刺杀杨坚，结果事情败露，五个王爷被杨坚或杀或废。这样，北周皇族宇文家族的势力基本被消灭了。

随后，杨坚宣布废除周宣帝时期的严刑峻法，停止洛阳宫的营建，以此取得广泛的支持，巩固了自己在京城的统治。同时，他又平定了地方上的大小武装叛乱。一切准备就绪，做皇帝仅仅是一个形式上的问题了。

公元581年，杨坚让人替周静帝写好退位禅让诏书，假装是静帝禅让帝位给自己，而他则先假意推辞了一番之后，就迫不及待地穿上了龙袍，登上皇帝的宝座。

因为杨坚继承了父亲随国公的爵位，因此想把新王朝定名为"随"，只是"随"字不吉利，故改成了"隋"。

统一全国

杨坚建立隋朝之后，天下还没有统一。隋朝的北面面临游牧民族突厥的侵扰，南面有依附于北周但也相对独立的西梁和盘踞在江南的陈朝。

起初，突厥几次南下侵扰隋朝，都被杨坚打败。为了更好地防御突厥势力，杨坚曾经三次修长城，巩固北边的防御。到后来，突厥分成东突厥和西突厥两部分，东突厥无法和隋朝抗衡，连吃败仗，投降于隋朝；西突厥则渐渐向西发展，对隋朝没有了威胁。

北面安定之后，杨坚先灭掉了西梁。西梁本身就依附于北周，杨坚直接邀请西梁皇帝萧琮到长安来，实行软禁，然后占领了西梁。

最后是长江以南的陈朝。陈朝势力较大，占据了广大的江南地区。杨坚在经过充分准备之后，于公元588年，发兵五十多万，在东到大海、西到四川的漫长战线上大举进攻。第二年，隋军便将昏庸的南陈皇帝陈叔宝俘虏。在灭掉陈朝后，杨坚完成了对全国的统一。

改革制度

杨坚是一个勤政并且很有功绩的皇帝。为了更好地治理国家，杨坚上台后首先罢黜了一批没有才干的大臣，即使对自己夺取帝位有功的人也不姑息。然后将一些有真才实干的人提拔上来，辅佐自己管理国家政务。

为了使国家富强，杨坚对由于长期战乱而形成的混乱制度进行了一系列的改革。

杨坚首先改革了北周的官制，他参考了以前历代的官制设置，总结经验教训，建立了三省六部制。三省包括内史省、门下省和尚书省，是国家管理的中枢机关。其中，内史省在其他朝代被称为中书省，隋朝为了避讳[3]而改称内史省。内史省负责起草诏书，制定决策；门下省负责审查诏书，签署奏章；尚书省负责执行诏令，同时负责日常政务。尚书省下设六部：吏部、礼部、兵部、刑部、民部、工部，负责具体行政事务。三省六部制组织严密、分工明确，最后集权于皇帝，是比秦汉时期实行的三公九卿制更加成熟的中央集权政治制度。三省六部制具有重要意义，此后的唐朝完全沿用隋文帝三省六部的设置，六部的形式甚至一直被沿用到明清。

对于地方机构，杨坚也进行了改革。他将原来比较混乱的地方官制从州、郡、县精减为州、县两级，精减了大量官员，节省了大量开支，相应地减轻了人民的负担。

杨坚还特别重视吏治，奖励清官，严惩贪官。他采取给田养廉的办法，使官吏通过自己的田产取得财富，减少对百姓的搜刮，不沦为贪官污吏。

另外，杨坚废除了魏晋以来九品中正制[4]的选官制度，而采用分科考试的方法来选拔官员，为隋炀帝时期正式建立科举制打下了基础。

隋文帝的这一系列改革成效卓著，直接促进了隋朝的繁荣兴盛。而且隋朝的体制对于开创大唐盛世也有着直接的影响，实际上，唐朝的政治体制基本上是隋朝的翻版。

开皇之治

从东汉末年到隋朝建立，中原地区分裂战乱三百多年，老百姓生活困苦，国库空虚，杨坚建立隋朝后，以富国为首要目标。他先进行全国性的户口调查，避免地方官隐瞒户口，扩大了纳税人群，增加了国库收入。

继而，杨坚减轻老百姓的徭役和赋税，还取消了国家对盐、酒的专卖权，老百姓要是做些小生意的也不再缴税，大大减轻了人民的负担，稳定了经济发展。

然后，杨坚又在全国推行均田制，保证不同阶级的人都能有田耕种，促进了国家农业生产，增加了全国的粮食产量。又设官仓和义仓，官仓用来储存、转运粮食，义仓则在灾害之年救济百姓。

杨坚还进行了钱币的整顿，废除了混乱的古币以及私人造币，统一铸造五铢钱，促进了货币的流通。

除了进行一系列的改革，隋文帝在生活上提倡俭朴，并带头做表率：吃饭时不铺张浪费，不用金玉的饰品，宫女也不准过度使用装饰品。即使在他和独孤皇后合葬的陵墓中，也没有贵重物

隋五铢钱

品陪葬。

因此，在隋文帝当政的二十多年间，社会呈现出空前繁荣的景象，百姓富庶，人民安居乐业，人口大增，政治安定。在隋朝鼎盛时期，人口有800多万户。因此，历史上把隋朝这段时期称为"开皇之治"。

死因成谜

隋文帝虽然治理国家非常出色，但对子女的教育却可以说是失败至极。杨坚有五个儿子，都是皇后独孤伽罗所生。长子是杨勇，被立为太子。小时候杨坚夫妻俩很喜欢这个太子，但杨勇长大后却奢侈起来，而且还迷恋女色，这让提倡节俭的杨坚和独孤伽罗很失望，再加上次子杨广从中挑拨，杨勇的太子之位最终被废。

杨坚的其他三个儿子也因为各种原因，要么生病而死，要么被废为平民。

只有次子杨广非常有心计，他在父亲面前表现得十分节俭，在母亲面前表现得又守规矩，还不近女色，深得父母青睐，成为最后的皇位继承人。但杨坚怎么也没想到，就是这个平常仁孝俭朴、不近女色的杨广，却在杨坚病重时，露出本来面目，调戏杨坚的宠妃（此时，独孤伽罗已去世）。杨坚因此大怒，立即派人宣杨广进宫。哪知被杨广探得消息，派亲信进宫把杨坚的人全部换掉。当晚，杨坚就去世了，享年六十四岁。

这样的宫闱政变，史书上是很难说清的，后人根据杨广当皇帝的表现，都猜测是他对杨坚下了毒手。

杨坚死后的谥号是文皇帝，因此后世称其为隋文帝。

知识拓展：

① "弘农杨氏"

"弘农杨氏"是中国历史上著名的名门望族。从西汉丞相杨敞之后，历史上许多著名的人物都出自这个家族。三国时的杨修就出自"弘农杨氏"，是东汉末期太尉杨彪的儿子。历经西晋到北魏，杨氏家族都有人官居高位。南北朝末期，杨坚建立了隋朝，是"弘农杨氏"最显赫的时代。杨坚之后，唐朝时杨氏一门出了十一任宰相。唐玄宗时的杨贵妃，宋朝满门忠烈的杨家将，都是杨氏后人。

②柱国

战国时期楚国设置的官职，地位在令尹、相国之下，是最高武官。到北魏时期，柱国成为"柱国大将军"的简称，地位在丞相之上，多为有势力的权臣担任。西魏共任命了八人当柱国，史称"八柱国"，是西魏的最高官职。李渊的祖父李虎曾是"八柱国"之一。北周时期柱国成为没有具体职务的荣誉称号。

③避讳

避讳是中国封建社会特有的现象。当时，人们对皇帝或尊长不能直接称呼或书写他们的名字，否则就有因犯讳而坐牢甚至丢脑袋的危险。杨坚的父亲叫杨忠，因为中书省的"中"字与杨忠的"忠"同音，为了避讳，因此隋朝把中书省改称为内史省。

④九品中正制

九品中正制，又称九品官人法，是魏晋南北朝时期重要的选官制度。主要是由皇帝派官员到各地考察士人，按德、才评定为上上、上中、上下、中上、中中、中下、下上、下中、下下九个等级，根据等级的高低授予不同的官职。每三年重新考察、评定一次。隋文帝时废止。

第九章　济世安民唐太宗

济世安民唐太宗

【姓名】李世民
【史称】唐太宗
【朝代】唐朝
【民族】汉族
【生卒年】公元599年—公元649年
【主要成就】朝政清明，从谏如流，威服四海，开创"贞观之治"

如果要在中国古代所有的皇帝中进行一个十项全能的评选，稳居榜首的一定是唐太宗李世民，无论是文治武功，还是道德品行，他都非常突出。他善于总结前人的失败教训，任人唯贤，虚心纳谏，胸怀宽广，是中国古代帝王的典范。

唐太宗李世民

少年英武

李世民出生于隋朝的鼎盛时期，他们家是典型的官僚贵族家庭。李世民的曾祖父李虎是西魏"八柱国"之一，与隋文帝杨坚的岳父独孤信平起平坐，死后被追封为唐国公。李世民的祖父李昺（bǐng）在北周袭封唐国公，祖母是隋文帝杨坚的独孤皇后的姐姐。李世民的父亲李渊在北周时也袭封唐国公。隋朝建立后，他继续在隋朝做官。

虽说出身于这样的贵族家庭，李世民并没有成为纨绔子弟，而是从小就练就了驰骋沙场的本领，养成了刚毅果断的性格。公元615年，隋炀帝巡视北方边塞时，遭到数十万突厥骑兵的袭击，被围困于雁门。危急关头，隋朝各地募兵驰援。李世民应诏入伍，成为屯卫将军云定兴的部下，这一年他才十六岁。在战斗中，李世民给云定兴出谋划策，建议他使用疑兵之计迷惑敌人。云定兴采纳了他的建议，果然取得了很好的效果。

隋朝末期，由于隋炀帝的挥霍无度、横征暴敛，社会矛盾和阶级矛盾急剧激化，各地农民起义风起云涌，隋朝的政权处于风雨飘摇之中。

在这种形势下，太原留守李渊感到隋朝的灭亡不可避免，有了起兵反隋之心。但毕竟造反的风险太大，李渊顾虑重重，迟迟没有采取果断的行动。李世民一面积极招兵买马，一面不断鼓励父亲早日采取行动，终于使李渊下定决心，举起了反隋大旗。

公元617年，李渊在晋阳起兵。李渊将自己的军队兵分三路，由李世民统率其中的右路军，向关中攻去。一路上，许多地方武装和农民军加入，李世民的队伍不断壮大。接着，李渊带领大军抵达长安城下，将隋朝的都城长安层层包围，不久，攻下了长安。

公元618年，隋炀帝在扬州被杀。于是，李渊在长安称帝，改国号为唐，封李世民为秦王。

争夺帝位

唐朝建立后，全国的形势非常严峻，割据武装多如牛毛，势力大的都在拼命扩充地盘。李渊当了皇帝后就不方便再四处征讨，太子李建成也待在长安处理政务，统一天下的重任就落在了李世民身上。李世民统率唐军，东征西讨，所向披靡。在四五年中，李世民屡建奇功，先后消灭了薛仁杲（gǎo）、刘武周、王世充等地方实力派，打败了窦建德、刘黑闼（tà）等农民起义军，表现出了卓越的军事才能，为唐朝统一天下立下了汗马功劳。

李世民因为长期统兵，功绩卓著，在朝廷上下取得了非常高的声望，这也引起太子李建成的猜忌。李渊称帝之后，长子李建成就被册封为太子，成为皇位的合法继承人。但李建成看到李世民的声望越来越高，生怕他威胁到自己的地位，因此总想找机会除掉李世民。而精明的李世民也对李建成存有防范之心，也并不想放过取而代之登上皇位的机会。于是，兄弟之间各自拉帮结派，培植亲信，明争暗斗。在这场斗争中，李渊的四子李元吉始终坚定地站在太子一边。

公元626年夏季，李建成的一次又一次陷害使李世民与李建成的斗争达到了白热化的程度。恰逢此时，突厥大举南侵，李建成向李渊提议，由李元吉代替李世民统帅出征，想借此机会把李世民的大将，包括尉迟敬德、程知节（即程咬金）、秦叔宝等人控制在他们手中，并计划在为李元吉饯行的宴会上，派人刺杀李世民。李建成的这一密谋被手下一个叫王晊的官员泄露给了李世民。在这生死关头，李世民走投无路，与长孙无忌等亲信商量之后，决定给太子集团以致命的打击。

于是，李世民先向李渊告发，说李建成和李元吉陷害自己，李渊答应次日早朝追查此事。第二天一早，李世民在皇宫的玄武门设下伏兵，等待李建成和李元吉入朝。当二人进入玄武门后，感觉到气氛不对，打算逃跑，李世民率伏兵出击。李世民一箭射死了李建成，尉迟敬德射杀了李元吉。然后，尉迟敬德全副武装直奔后宫，胁迫李渊立李世民为太子。李渊无可奈何，只好答应。

之后不久，李渊被迫退位，当上了太上皇，李世民如愿登上了皇帝宝座，史称唐太宗。

纳谏任贤

唐太宗是隋末战乱的亲历者。强大而富足的隋王朝，在农民战争暴风骤雨般的打击下迅速瓦解，这给唐太宗留下了极为深刻的印象，使唐太宗对于皇帝与百姓的关系有了深刻的认识。他曾说过：皇帝好比是舟，百姓好比是水，水能载舟，也能覆舟。基于这样的认识，唐太宗在位期间，关心百姓疾苦，虚心纳谏，并且能够厉行节约，是一位难得的有道明君。

有一次，唐太宗问宰相魏征："什么是明君，什么是昏君？"魏征回答："兼听则明，偏信则暗。"意思是能听取多方面意见的君主才是明君，只听一种人的话的君主就是昏君。唐太宗听后，从中受到很大的启发，连连点头称是。

此后，唐太宗一直在努力做一个兼听的明君。他鼓励百官对朝廷大事提出自己的见解，对自己提出批评意见，他自己也以一种宽容的胸怀，虚心地纳谏。唐太宗在位期间，仅魏征一人就进谏两百多次，唐太宗基本上都予以采纳。有的大臣进谏时言辞激烈，说话有些过头，甚至伤害到了皇帝的尊严，唐太宗一般也都能正确处理。比如公元630年，唐太宗下诏征发劳役，想要修复隋朝的乾元殿。给事中①张玄素上书极力反对，从各方面论述这件事不可行，最后甚至写出了这样的话：陛下如果真的要搞这项工程的话，那就比隋炀帝还过分。唐太宗看到这里非常不高兴，他叫来张玄素问他："你认为我不如隋炀帝，那我和夏桀、商纣②相比又怎么样呢？"张玄素不客气地说："如果陛下非要修复乾元殿的话，那你就和他们一样！"张玄素认真的态度和尖锐的批评最终让唐太宗放弃了这个工程，还对张玄素直言敢谏的精神予以表扬，赏赐他两百匹绢。

　　就这样，在唐太宗统治期间，大臣们敢于直言进谏，皇帝也能够虚心纳谏，形成了一种历史上少有的良好风气。

　　唐太宗还认识到了选拔人才对于治理国家的重要性，他能够不计较出身和地位，量才录用，即使是曾经反对他的人，也能得到他的重用。他手下的文武大臣中，既有隋朝的旧臣，如李纲；也有来自农民起义军的秦叔宝、程知节；甚至还有太子李建成的亲信，比如魏征。唐太宗任人唯贤的代表人物应该就是魏征了。魏征原来是太子李建成的心腹，他甚至曾劝李建成早点儿动手除掉唐太宗。唐太宗在登基之后，曾厉声责问魏征："你为什么挑拨我们兄弟之间的关系？"魏征从容自若地说："太子若能早听我的建议的话，也不会落到今天这种下场。"唐太宗很欣赏魏征的耿直，也知道他非常有才干，因此并没有加罪于魏征，反而破格任用，由此造就了大唐的一代名臣。

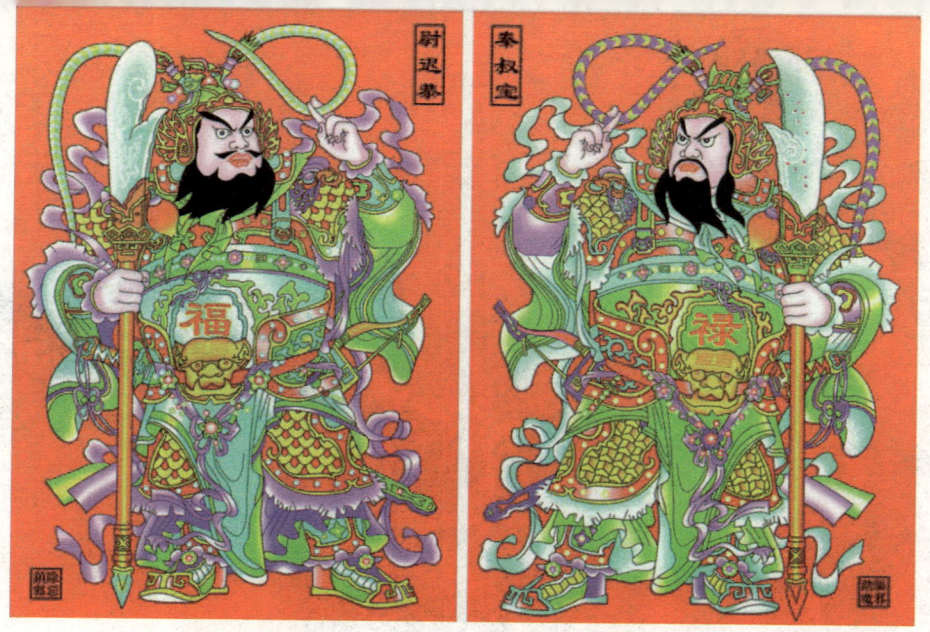

百姓张贴在门上的门神以唐太宗时期名将秦叔宝和尉迟恭为原型

贞观之治

唐太宗统治期间，勤于国事，励精图治，使唐朝人口增加，经济复苏，政治清明，文化也取得了卓越的成就。因为唐太宗的年号是贞观，所以历史上称这段时期为"贞观之治"。

唐太宗有一句名言："以铜为镜，可以正衣冠；以古为镜，可以知兴替；以人为镜，可以明得失。"

政治上，唐太宗重视官员的考核监督，他从朝廷要员中委派官吏，到全国各地去考察地方官吏的政绩。据说，他还将都督、刺史等大官的名字写在屏风上，下面写上他们的善行或是劣迹以便随时查看。一旦发现官员有贪赃枉法的行为，唐太宗就会坚决给予处罚。所以，贞观年间是中国古代吏治比较清明的时期。

唐太宗还完善了《贞观律》的制定工作，并于公元637年将其颁行全国。《贞观律》的实行，使贞观年间的法治有了可靠的

古代中国著名帝王 93

贞观之治

依据。唐太宗一方面依法办事，另一方面也要求执法必须谨慎，尤其对于死刑，必须慎之又慎。唐太宗还认为，即使是罪犯，也有可能改邪归正。他曾经做过一个大胆的决定，下令将全国的死刑犯一律暂时释放，让他们回家处理事务，约定第二年秋天回到长安报到。第二年秋天，全部罪犯都如期报到，唐太宗于是下令将他们全部赦免。这件事成为中国历史上的一个美谈。

  文化方面，唐太宗十分重视史学著作的编著工作。他专门设置了史馆，请一流的史学专家专修国史，给他们优厚的报酬，还让宰相担任监修。于是，贞观年间编成了《隋书》等八部正史，占据了中国古代二十四史的三分之一。唐太宗还下令广泛购买和整理天下图书，大大繁荣了中国古代的学术文化。

  在民族问题上，唐太宗采取了武力与怀柔双管齐下的政策。通过一系列军事行动，消除了东突厥对于大唐边境的威胁。通过和亲政策，维系了大唐与吐蕃的良好关系。唐太宗还通过开通贸易,打通驿路,积极地促进了大唐与少数民族之间的经济、文化往来,在这方面表现出一种气势恢宏的"大唐风度"。因此,唐太宗在各民族中享有崇高的威望,被少数民族首领尊称为"天可汗"。

然而,唐太宗到晚年,因为太子李承乾被废而意志消沉,身体状况越来越差,再加上希望长生而服用丹药,最后于公元649年病逝,庙号[3]为太宗。

知识拓展：

①给事中

给事中是秦朝时开始设置的官职。唐朝的给事中是隶属于门下省的重要职位,正五品,负责审议封驳敕奏章,其职责非常重要。

②夏桀、商纣

夏桀,姓姒,名癸,是夏朝最后一位君主,桀是他的谥号,所以又称夏桀,是中国历史上著名的暴君。而商纣王是商朝的末代君主,也是中国历史上以残暴出名的君主。

③庙号

庙号就是皇帝死后在庙中被供奉时被称呼的名号,如李世民是唐太宗,李世民的儿子李治是唐高宗。

第十章　一代女皇武则天

一代女皇武则天

【姓名】武曌（zhào）
【史称】武后、武则天
【朝代】唐朝
【民族】汉族
【生卒年】公元624年—公元705年
【主要成就】废唐建周，首开殿试，设立武举，政治清明，国力强盛
【创举】中国历史上唯一正式称帝的女皇帝

　　武则天十四岁时，被选入唐太宗的后宫做才人，被唐太宗赐号"武媚"。等武则天快要称帝的时候，她造了一个汉字"曌"作为自己的名字。后来，因为她曾被尊为"则天大圣皇帝"和"则天顺圣皇后"，其中都包含"则天"二字，所以后人就称其为武则天了。

武则天

有女初长成

　　武则天出生在都城长安,她的父亲武士彟(yuē)出身平民,祖上世代以经商为主业。武士彟年轻时经营木材生意积累了一定的财富,常以金钱结识达官贵人,并想以此步入仕途。武则天的母亲杨氏则出身名门,家里世代都有高官,而且是隋朝皇室的亲戚。

隋炀帝末年，李渊曾多次前往河西镇压农民起义，途中就住在武士彟家，两人因此结识并交好。后来李渊在太原起兵反隋，武家曾倾力资助过钱粮衣物。故唐朝建立以后，武士彟便作为开国功臣任工部尚书，从此正式步入仕途。

武则天自幼家境富足，并且接受了良好的教育。贵为国公的父亲为她请了许多名师以传道授业，时常出入家中的也大都是文人雅士。而且母亲杨氏本就是熟读诗书之人，对于女儿的教育自然十分看重。加之唐朝初期的社会风气非常开放，对于女子的教育没有过多的限制，除读经史、学诗文外，还注重对礼、乐、骑、射等才艺的全面培养。武则天小时候十分聪明，性格也活泼开朗。在母亲的影响下对诗文书法很感兴趣，同时也具有很高的音乐天赋。她平时总是更喜欢穿着男孩的服装，并且经常让父亲的侍卫教她骑马射箭，这也形成了她日后十分刚强的性格。

公元635年，武士彟因病去世，这一年武则天仅十二岁。家中失去了顶梁柱，一家人也就失去了庇护。武则天的两位哥哥是武士彟的前妻所生，虽然因为是功臣后代而被授予官爵，他们却对杨氏和武则天姐妹十分冷淡，母亲只得带着武则天姐妹投靠在亲戚家中。在这期间，父亲的同僚旧友相继前来探望，母亲也经常领着她和妹妹到亲戚家走访。武则天的美貌和才华给这些人留下了很深的印象,甚至连唐太宗和长孙皇后也闻知了她的美貌。

公元637年，内侍省官员为了选宫女的事情请示唐太宗，唐太宗沉默了一会儿说："我曾经听文德皇后和桂阳长公主说，前都督武士彟的二女儿聪明美丽，熟读诗文。文德皇后曾让桂阳长公主把她带进宫来，看样子她非常喜欢这个女孩子，不妨遵其遗愿，将此女选进宫当才人。"

于是，武则天便被招入宫中，这一年，她十四岁。

选在君王侧

进宫后的武则天，不久便被封为"五品才人"，赐号"武媚"，因此人们都称她为"武媚娘"。虽然她的美貌十分出众，却由于个性刚强，不善于表现出女人温柔的一面而一直没有得到唐太宗的宠幸。这使得她进宫十二年也没有为太宗生育一儿半女，才人的称号也就一直没有改变，她在宫中的地位也没能得到提升。

尽管如此，武则天的才华却没有被唐太宗忽视。据说有一次，唐太宗在宫女们的陪同下检视西域进贡的名马"狮子骢（cōng）"。此马性烈，无人能够驯服。侍奉在旁的武则天却对唐太宗说："请给臣妾三件东西，臣妾当可以驯服这匹烈马。一是铁鞭，二是铁棍，三是匕首。臣妾先用铁鞭抽打它，它若是不服，则用铁棍敲击它的脑袋，还是不服，就用匕首割断它的喉咙。"武则天这种酷烈的手段，给唐太宗留下了深刻的印象。第二天，唐太宗碰到武则天在御花园里吟诵《诗经》中的篇目，得知了她在诗文方面的才华，就让她在自己的书房里伺候笔墨。

在这里，武则天接触到了一个完全不同于后宫的世界，一个

武则天所书《升仙太子碑》拓片

更适合她的兴趣、思想和精力的政治活动世界。书房是皇帝与大臣们讨论国事的地方，在这里她听到的不再是后宫的窃窃私语、家长里短，而是君臣之间对国家大事的决策。她负责的工作主要是整理皇上特意挑选出来的往来案牍和侍奉笔墨、茶饮等，工作较为闲适，因此一有空闲，她就可以静下心来听外面君臣的交谈。在这里，无论君臣之道、官吏任免，还是赈灾收赋、边境战事，她都听得津津有味。时间一长，武则天不仅在诗文、书法、礼仪等方面取得了长足的进步，更跟随唐太宗学到了诸多处理政事的能力，丰富了她的政治阅历。

李治被立为太子后，唐太宗为了锻炼他的执政能力，便让他经常陪侍在自己身边，学习理政。这样一来，武则天便和李治有了较多的接触。李治生性比较柔弱，而性格刚烈、足智多谋的武则天很快引起了他的注意，两人之间逐渐产生了感情。

公元649年，唐太宗去世。武则天依照唐朝后宫的规定，进入感业寺削发为尼。出家的生活虽然单调乏味，可她并没有自暴自弃，而是潜心研习佛法。她始终相信，此时已登上帝位的唐高宗李治会接她回宫。

果然，没过多久，唐高宗李治在唐太宗周年忌日入感业寺进香时，与武则天相见，两人互诉离别后的相思之情。此后，唐高宗便时常来感业寺看望武则天，只是苦于没有借口将她接回宫中。两人的关系被宫中失宠的王皇后看在眼里，她便想要利用武则天来制衡宠妃萧淑妃，于是王皇后主动向唐高宗请求将武则天纳入宫中。唐高宗早有此意，马上就恩准了。于是，公元651年，唐高宗孝服已满，武则天便再度入宫，次年就被册封为"昭仪"，位列正二品。

夺权终称帝

再次进宫的武则天，已经在妃嫔中享有较高的地位，但这并不能满足她的野心，她的性格和能力决定了她不会甘心居于人

武则天称帝

下。于是,在逐渐巩固现有地位的基础上,她开始了一步步迈向权力顶峰的角逐。

首先进入她视野的当然是近在咫尺的皇后之位。王皇后向来不得唐高宗宠幸,加之其性格又固执迂腐,在后宫中十分不得人心。武则天巧妙地利用了这一点,开始在后宫笼络人心。因其本是才人出身,便更容易亲近和体恤宫女,并能体谅到她们的苦处。每逢皇上赏赐,她也都毫不吝惜地把这些礼物赏赐给底下的宫女，尤其是那些被王皇后刻薄对待的宫女。这样一来，她逐渐在后宫中深得人心，并且得到宫女们的拥戴和效忠。为了进一步让唐高宗坚定废后的决心，她不惜残害了自己的亲生女儿，并将其嫁祸给王皇后。唐高宗由此迁怒于王皇后，下定决心要废掉她。在李世勣（jì）、李义府、许敬宗等人的支持下，唐高宗于655年正式下诏书废王皇后、萧淑妃为庶人，武则天被正式立为皇后。

武则天当上皇后之后十分关心政事，并且表现出很强的政治才能。她曾经上意见书十二条，也就是历史上的"建言十二事"，里面包括了发展农业、减轻赋税、广开言路等内容，后来被唐高宗以诏书的形式推行。

后来，唐高宗的头痛病开始加重，很少有精力处理政务。因为信任武则天处理朝政的能力，唐高宗开始把更多的政务交给她处理。唐高宗和武则天并称为"二圣"，但实权却越来越多地掌握在武则天手里，于是在朝廷上逐渐形成了唐高宗在前台点卯、武则天在后台决断的形势。

公元683年，唐高宗去世，太子李显即位，后世称为唐中宗，尊武则天为皇太后。此时朝中大事仍由太后决断，唐中宗不过是个傀儡。然而，李显并不甘于受母亲摆布，遂暗自密谋夺权。武则天察觉了他的计划，将李显贬为庐陵王，另立自己最小的儿子李旦为皇帝。李旦自幼没受过任何执政训练，毫无治国经验。于是武则天自己独揽大权，临朝执政。

武则天随意废立皇帝，又欲改朝换代，既与传统的男尊女卑思想水火不容，又直接威胁到李姓皇族的地位，引起一些人的公开反对。首先起兵讨伐的是徐敬业。徐敬业是开国大将李世勣（jì）的孙子，在勋贵和宗室中都很有号召力。他在扬州聚众公开讨伐武则天，却因未能抓住时机主动进攻而导致兵败。武则天在平定了这场叛乱之后，对朝廷内部官员进行了清洗。清洗之后，朝中的反对之声逐渐减小，她的执政地位也得到了进一步巩固。

此后的几年，武则天的称帝行动进行得如火如荼，唐朝宗室的李姓贵族和官员感到岌岌可危，于是起兵意图推翻武则天。但这次反武斗争仍然以失败告终，武则天借机以各种罪名诛杀宗室诸王，进一步清除了其称帝道路上的阻碍。后来，武则天通过制造"武后是弥勒佛化身下凡，应为天下主人"的舆论，于公元690年在民众与官员们的拥护下正式登上皇帝宝座，改国号为周，自称"圣神皇帝"，废唐睿宗李旦，改赐武姓。至此，武则天成为中国历史上第一位，也是唯一一位正式称帝的女皇帝。

生前身后名

武则天谋取皇位的手段常被人批评，但在她执政期间，确实是政策稳定，兵力强盛，文化复兴，百姓富裕，故不仅有"贞观遗风"的美誉，而且为其孙唐玄宗的"开元之治"打下了良好的基础。

在政治方面，武则天打击了保守的门阀世族，将长期存在的关陇集团和他们的依附者都赶出了朝廷，贬逐到边远地区，为社会进步和经济发展创造了一个良好的条件。武则天很注意发掘和任用人才，对官员监督控制十分严厉，一旦发现不称职的、为非作歹的官员，就毫不留情地撤职、判刑、杀头。她鼓励告密、揭发官员的违法言行。

在经济方面，武则天始终致力于劝课农桑，并编撰了《兆人本业记》作为州县官劝农的参考。在其统治时期，农业、手工业和商业都有了长足的发展。

在文化方面，武则天完善和发展了科举制。她曾多次亲临考场主持考试，并且用人不分门第，大大鼓舞了士人参加科举的积极性，更激发了一般人读书学习的热情。

然而，后世对武则天的负面评价也不绝于耳。在她主政初期，曾大兴告密之风，重用酷吏。一时间，许多想通过诬告陷害别人而求得富贵的奸诈小人得到了重用。除此之外，武则天在纳"男宠"方面也为后世所诟病。其中，为其称帝立下大功的薛怀义便恃宠而骄，大肆挥霍国库，后被武则天处死。至其晚年，宠臣张昌宗、张易之兄弟侍奉其左右，武则天数月不召见朝臣，朝廷政治极为腐败。

公元705年，宰相张柬之发动兵变，迫使武则天退位，并移居洛阳宫城西南的上阳宫。李显复位，重建唐朝。失去帝位的武则天没有了精神支柱，本就衰老的身体很快就垮了。当年年底，

武则天与无字碑

八十二岁的武则天死于上阳宫的仙居殿。临终时她异常清醒,并立下遗嘱,包括去掉帝号,只称"则天大圣皇后",只许为她立碑不许立传,同时赦免王皇后、萧淑妃等人及家属的罪名。第二年,武则天的灵柩与唐高宗合葬在乾陵(今陕西乾县),陵前立碑无字,是非功过任由后人评说。

第十一章　盛世帝王唐玄宗

盛世帝王唐玄宗

【姓名】李隆基
【史称】唐玄宗
【朝代】唐朝
【民族】汉族
【生卒年】公元685年—公元762年
【主要成就】开创开元盛世
【创举】中国最出名的音乐家皇帝

　　唐玄宗李隆基是唐睿宗李旦的第三个儿子。他于公元712年登基，在位四十四年，是唐朝在位时间最久的皇帝。在其执政的前三十年，他锐意改革、励精图治，将唐朝的经济、文化推向鼎盛时期，史称"开元盛世"。后期他却因重用佞臣、怠于政事、贪图享乐，从而导致了长达八年的"安史之乱"，使唐朝由强盛走向了衰落。

唐玄宗

英雄出少年

公元685年，李隆基生于唐朝东都洛阳①。他出生时，父亲李旦在位为帝，母亲窦氏为德妃。此时的宫廷正是风云激荡之秋，父亲睿宗虽为皇帝却无实权，祖母武则天临朝称制且武氏家族成员都官居要职，李氏江山处于风雨飘摇之中。公元690年，李隆基五岁时，父亲李旦最终被祖母武则天废除帝位，移居东宫。

李隆基天性聪颖，自幼便表现出不凡的气度和胆识，并且胸怀大志。他七岁时正值武周时期，在一次例行参拜武则天时，他的车骑严整，仪仗威严。金吾将军武懿宗见此情景心生妒忌，仗着是武则天的堂侄便嚣张跋扈，利用将军纠察风纪的权力横加阻挠。不料年幼的李隆基根本不把他放在眼里，且厉声斥责道："吾家朝堂，干汝何事？敢迫吾骑从！"这件事传到武则天的耳朵里，武则天非但没有责怪他，反而对他更加喜爱。虽然李隆基获得了祖母的宠爱，但在公元693年，他的母亲窦氏却被武则天秘密杀害，李隆基由母亲的妹妹窦姨抚养。唐中宗复位后，任命二十四岁的李隆基兼任潞州别驾。一年之后李隆基离开潞州，重返长安。

李隆基性格开朗，为人豪爽，喜欢习武游猎。他在任潞州别驾期间，广交豪杰，身边聚集了许多有志之士。回到长安后，正赶上唐中宗的皇后韦皇后想效法武则天自称皇帝，李隆基对其觊觎皇位的阴谋早有察觉，遂与姑姑太平公主共谋发动政变。公元710年，在一番精心谋划之后，李隆基发动政变，杀了韦后，粉碎了韦氏集团的篡权阴谋。随后，李隆基又与太平公主一起帮助相王李旦再次获得皇位，成为唐睿宗。唐睿宗遂立李隆基为皇太子。

经过韦后政变，李隆基与太平公主成为朝廷中举足轻重的人物。每次宰相上朝奏事，都要征求太平公主的意见，并且与李隆基商议，然后才能向唐睿宗奏议。

公元712年，唐睿宗颁下诏书，正式传位于太子李隆基。二十八岁的皇太子李隆基终于登上了皇帝的宝座，成为大唐皇帝，后世称其为唐玄宗。

图治创开元

公元713年，在群臣的请求下，唐玄宗接受"开元神武皇帝"的尊号，改年号为开元。此时的李隆基已经完全掌握了军政大权，并开始满怀壮志地投入到振兴唐朝的事业中。

唐玄宗在政治上注重选贤任能，并积极改革吏治。开元初年，几经兵变的朝廷元气大伤，吏治的混乱腐败亟待治理。唐玄宗首先采取攻势，消灭了太平公主的势力，掌握大权，并决心任用贤臣。他看中了多谋善断的姚崇。于是，唐玄宗先召姚崇一起骑马打猎，然后又经常在一起讨论政治。他向姚崇提出出任宰相的建议，姚崇却答复出任宰相可以，前提是玄宗肯接受他的十条改革纲领，即著名的"十事要说"。唐玄宗看后，当即表示同意，姚崇于是接受任命。而纲领本身直指武则天掌权以来的所有弊政，彰显浩然正气。这一纲领的实施为开元盛世的到来奠定了基础。

唐玄宗不仅慧眼识相，还对吏治进行了整顿。他精简机构，裁减了多余的官员，既提高了办事效率，又节省了政府支出。除此之外，他还确立了严格的考核制度，加强了对地方官吏的管理。通过这些举措，唐玄宗重用了许多得力的官员，朝廷内外一时人才济济。

另外，为了增加国家收入，打击强占土地的地主，唐玄宗发动了一场"检田括户"的运动。当时的地方豪强经常霸占农民的土地，并称其为"籍外之田"，他们还将逃亡的农户变成自己的"私属"，在土地和人口两方面逃避缴纳国家税收。为了解决这一问题，唐玄宗任命宇文融为全国的覆田劝农使，下设十道劝农使和劝农判官，分派到各地去检查隐瞒的土地和包庇的农户。然后把检查出来的土地一律没收，并把这些土地分给农民耕种。这样下来，一年增加的农赋就高达几百万。通过这些有效的措施，唐玄宗使唐朝的经济又步入正轨，减轻了农民的负担，同时也增加了国家的财政收入，促进了国家经济的繁荣。

同时，唐玄宗十分重视文化事业的发展。他首先提出了对经史书籍的整理与收藏。因太宗、高宗时代遗留的旧书长期无人整理，篇卷错乱难以检阅，于是唐玄宗命褚无量、马怀素率领诸多学者加以整理编校，经数年的努力终成《群书四部录》200卷。后唐玄宗又设立了专门的书院作为藏书机构，使得开元时代成为唐朝藏书最盛的时代。

除了书籍，唐玄宗对音乐舞蹈也有着浓厚的兴趣。他执政后，在皇宫里设立"梨园"作为专门的教坊，培养了许多音乐和舞蹈方面的人才。玄宗自己也能演奏多种乐器，琵琶、二胡、笛子、羯鼓等无一不通。因此可以说，唐玄宗除了是个政治家，还是一位杰出的音乐家。

经过唐玄宗的锐意改革,他早期执政年间(公元713年—公元741年),唐朝政局稳定,经济繁荣,文化昌盛,百姓安居乐业,社会呈现出前所未有的盛世景象,史称"开元盛世"。

怠政亲佞臣

随着时间的流逝,唐玄宗自认为天下已然太平富足,于是便逐渐丧失了积极进取的精神。他将更多的精力放在了享受奢华生活上。他还在政事上重用奸臣,使富强的大唐王朝一步步走向衰落。

到了开元后期,商品经济得到快速的发展,社会产品十分丰富。唐玄宗一改往日的简朴作风,开始为自己建造华丽的宫殿。公元738年,仅用了一个冬天的时间,长安、洛阳两地就建造起豪华的殿宇台榭千余间。为了避暑,他还修建了高级的凉殿,即使在酷暑季节,里面也清爽宜人。后来,唐玄宗又命人在华清宫重新扩建了温泉浴池,修造汤屋数十间,四周用精美的花纹石砌成,池中放着银楼漆船及白香木船。每当唐玄宗来华清宫时,妃嫔们都要随行,她们的车服装饰甚是华丽,光是这些物品的费用就高得惊人。唐玄宗沉迷于骄奢的生活,逐渐失去了对治国的热情和兴趣,甚至长期不上早朝。一些工于心计的奸臣利用了唐玄宗思想和作风上的变化,逐渐以阿谀奉承取得了唐玄宗的信任,并在朝廷中排除异己,陷害贤臣,使唐朝开始了奸臣专政的政治局面。

其中，首先要提到的就是宰相李林甫。李林甫自公元734年开始就任礼部尚书。当时张九龄身为中书令[②]，政治地位和声望都在他之上。李林甫虽然没有政治才干，为人却异常精明，事事迎合唐玄宗心意并用甜言蜜语奉承。而张九龄为人耿直，为了朝政社稷事事直言相谏。唐玄宗虽然嘴上不说，却对张九龄心生反感。不久，唐玄宗终于将张九龄罢相，任命李林甫做中书令。之后，唐玄宗越来越无心处理朝政，于是便将诸多政事交给李林甫处理，对他十分信任。到了李林甫任宰相后期，百官办事都要聚集在李林甫家里，朝廷里竟是门可罗雀。直到李林甫病死，他一直都霸占着相位。

接任李林甫为宰相的是杨国忠。杨国忠是唐玄宗宠妃——杨玉环的远房兄弟，常在宫中陪伴唐玄宗开宴会，凭借裙带关系逐渐得到唐玄宗的赏识和信任，可是他本身并没有当宰相的才能。杨国忠当宰相期间，每天只是负责在政令、文簿上签字。除此之外，杨国忠同李林甫一样是个奸佞权臣，他嫉贤妒能，用人唯亲，在朝廷中大量排除异己，导致朝政腐败且无人敢言。

这些奸佞之臣的掌权，致使唐玄宗执政早期建立的各项政治制度名存实亡。唐玄宗本人骄奢淫逸，不理朝政的作风也多为贤臣所诟病，但贤臣却因奸臣当道而敢怒不敢言。加上唐玄宗后来亲近小人，杜绝言路，许多真正具有政治才能的人遭受迫害。这样一来，朝政愈发腐败，给后来的"安史之乱"埋下了伏笔。诗人杜甫为此还痛心地写下了"朱门酒肉臭，路有冻死骨"的诗句。

一朝安史乱

唐玄宗即位后，曾经改革军制，整顿军队，致使唐朝的兵力大增，收复了许多失地。到其执政后期，他已经忘记了贤相姚崇不求边功的劝谏，越来越好大喜功，伐青海，征云南，并不断破格提升一些有军功的大臣。到公元742年，全国各地已经先后设立了十个节度使、经略使。十个节度使、经略使散居于从西到北的边陲沿线，集结了重兵。这就导致军事力量重心逐渐由内地转移到边镇地区。正是在这样的背景下，爆发了"安史之乱"。

安禄山是营州（今辽宁朝阳）人，因家族变故辗转逃到河北，遂改姓安，名禄山。安禄山生性残忍，狡诈多智，善于揣度人意。同时，安禄山骁勇善战，屡立军功，逐渐得到唐玄宗的赏识，并被册封为节度使。此后，他的地位更是扶摇直上，牢牢掌握了今东北、河北和山西广大地区的军事和行政大权。他每次入朝，唐玄宗都以盛宴相待，还亲自在望春宫等候。唐玄宗还为安禄山新造宅第，下令但求壮丽不限财力，宅中的器皿皆以金银装饰，其豪华程度甚至超过了皇宫。由此可见唐玄宗对安禄山的宠信已经超过了唐朝开国以来的任何一位将领。

唐玄宗晚年怠政酿成"安史之乱"

经过多次入朝，安禄山已经把朝廷的腐败和无能看得一清二楚。特别是当时唐朝对南诏战争的失败，更使他认识到中央政府的不堪一击，增强了他发动叛乱夺取最高统治权的信心。另外，宰相杨国忠极力阻止安禄山入朝为宰相，二人之间的矛盾也迅速激化。终于，公元755年，安禄山联合同罗、奚、契丹、室韦、突厥等民族，于蓟城南郊（今北京西南）誓师，以"忧国之危，奉密诏讨伐杨国忠以清君侧"为借口于范阳（今北京）起兵。当时的唐朝军民由于长期生活在太平盛世，对于战争已经十分陌生且几乎失去抵御能力，甚至河北各州县的太守、县令听闻战争后

古代中国著名帝王　115

不是投降就是逃走。唐玄宗在得知安禄山谋反后，先后调兵遣将，任用了封常清、高仙芝、哥舒翰等大将平乱，却终因宰相杨国忠等的决策错误而导致潼关失守。这样一来，都城长安已无险可守，危在旦夕。

于是，唐玄宗仓皇逃离长安，随行的只有其家眷和杨国忠、陈玄礼、高力士等近臣。行至马嵬（wéi）坡时，遇到一批吐蕃使者挡住去路，向杨国忠诉说缺粮之苦。早已不满杨国忠所作所为的随行将领借机指控他与外藩策划叛国，群起而攻之，杀死了杨国忠及其家属。然后，将士们又要求唐玄宗处死杨贵妃。无奈之下，唐玄宗只得命高力士将杨贵妃绞死，将士们才被安抚下来。唐玄宗抵达成都后不久，便将皇位禅让给太子李亨，是为唐肃宗。

唐肃宗平定叛乱后，将唐玄宗重新接回了长安。但是失去了杨贵妃的唐玄宗始终郁郁寡欢，终于，在公元762年病逝，享年七十八岁。至此，盛世的大唐王朝在残酷的战乱中迅速走向衰落。

马嵬坡旧址现建杨贵妃墓

知识拓展：

①东都洛阳

　　唐朝初期以西安为都城，洛阳为陪都；西安为政治中心，洛阳为经济和文化中心；唐中期将政治中心也迁到洛阳。

②中书令

　　令是中书省的长官，属于宰相职位。

第十二章　勇革弊政宋神宗

勇革弊政宋神宗

【姓名】赵顼（xū）
【史称】宋神宗
【朝代】汉朝
【民族】汉族
【生卒年】公元1048年—公元1085年
【主要成就】支持变法，主持改制，反击交趾

　　宋神宗是北宋王朝的第六任皇帝。宋朝的皇帝大多文弱守旧，不思进取，而宋神宗是宋朝历史上少见的大刀阔斧的改革家。他即位之后，眼见国势日衰，便力图振作，起用王安石推行变法，甚至自己亲自上阵，主持"元丰改制"。他在位十八年，年仅三十八岁就因病逝世，虽然他的改革没有取得最终成功，但是宋神宗的变法思想是先进的，促进了民间经济的发展。

宋神宗

勤奋少年

赵顼出生在濮王府，濮王赵允让是赵顼的爷爷。当时的皇帝宋仁宗赵祯是濮王赵允让的堂弟。因为宋仁宗自己没有儿子，所以把赵允让的第十三个儿子赵曙被接入皇宫，作为宋仁宗的养子由曹皇后抚养。宋仁宗去世之后，赵曙继位成为宋英宗。赵顼作为赵曙的长子，很自然就成了皇太子。

宋朝皇室历来重视教育，因此赵顼从小就受到了良好的教育。更难能可贵的是，赵顼完全没有皇子的娇生惯养，而是从小就喜爱读书，刻苦勤奋，读书学习甚至到了废寝忘食的地步，以致他的父亲经常要派内侍去劝他注意身体，早点休息。把学习当乐趣，如果在现代，估计赵顼也是一个学霸型的学生。

渐渐长大之后，赵顼看到了北宋王朝的衰弱和腐败，尤其是对辽国和西夏的妥协退让，让赵顼心中充满了屈辱与不甘。作为帝国的接班人，他怎么会不希望自己的国家更加强大呢？因此，他除了学好师傅教授的课程，还对治国有着强烈的兴趣，他喜欢读《韩非子》，希望从先秦的法家思想中寻找到富国强兵的办法。

公元1067年，刚当了五年皇帝的宋英宗就因病驾崩，赵顼正式接过了帝位，开始大展拳脚，实现自己的复兴强国之梦。

王朝忧患

宋神宗即位的时候，宋朝自开国已有一百多年，建国之初所制定的一系列制度，弊病不断积累，危害日益加剧，已经形成严重的社会问题，突出的表现就是冗官、冗兵和冗费这三大问题。

这三大问题直接源自宋太祖建国初期所确立的统治结构。经历了唐末的藩镇割据和五代十国的军阀割据之后，宋太祖赵匡胤非常害怕底下人权力过于集中，于是新设了大量的机构，把各级权力分散，甚至实行了官衔与实际职务分离的官吏任用制度。这种制度虽说有利于中央集权，避免了某些官员权力过大而威胁皇权，但势必造成官员的大量增加。据统计，北宋每十万人口拥有官员数目为51人，是我国历代各朝中最多的。供养如此多的官员自然需要大量的经费。到了宋英宗时期，尽管税收逐年增加，但是仍旧造成了国家财政困难，无力支付这项巨大开支的后果。

而且，宋代已经实行募兵制，一经招募，则终身为伍。等到了宋仁宗庆历年间，军队中人数已经增至125万多人，不仅战斗力不强，军备开支也越来越大。政府财政在宋仁宗前期还有盈余，等到了宋仁宗后期就已经出现巨额赤字了。

另外，北宋在与辽国和西夏的作战中屡屡受挫，不得不以支付巨额岁币来换取和平，又加重了国家财政的支出。国家财政困难，政府就免不了搜刮百姓，于是民怨沸腾，社会矛盾越来越严重。

这些情况，宋仁宗在位时就已经意识到了，所以他支持范仲淹推行了"庆历新政"，只不过由于受到了朝中保守势力的阻挠，很快就失败了。宋神宗即位之后，面对这一堆烂摊子，立志要革除弊政，有所作为，而且决心比宋仁宗大得多，因此一场变革在所难免。

变法图强

宋神宗知道，要变法光靠自己一个人是不行的，必须要找到得力的助手。当时，宋神宗的心中已经有了合适的人选，这个人就是王安石。

王安石比赵顼年长二十六岁，祖籍临川（今江西抚州），自幼聪颖，酷爱读书，过目不忘，下笔成文。二十二岁那年，王安石就中了进士，步入官场。王安石很长一段时间都担任地方官，

王安石

了解民情，基层工作经验丰富，因而见解独到，能够解决实际问题。他到京城担任三司度支判官的第二年，就给宋仁宗写了洋洋洒洒的《上仁宗皇帝言事书》，分析了天下时弊，提出了解决办法。当时王安石的上书并没有得到宋仁宗的重视，赵顼看到后却大加赞赏。而且，赵顼身边的韩维与王安石私交很好，经常举荐王安石做一些重要的官职。这样，王安石慢慢就成了宋神宗心目中变法改革的最佳人选。

急于改革的宋神宗登基之后，用最快的速度起用了王安石。公元1069年，宋神宗就将王安石提拔为参知政事（相当于副宰相），并为变法设置了专门的指导机构。北宋时期最著名的变法运动——"王安石变法"正式开始。因为变法发生在熙宁年间，因此这次变法又被称为"熙宁变法"。

王安石变法大概分为三个部分：富国之法、强兵之法和取士之法。富国之法包括青苗法、募役法、方田均税法、农田水利法、市易法和均输法；强兵之法包括保甲法、裁兵法、将兵法、保马法和设军器监；取士之法主要有改革科举制度、整顿太学、唯才用人这三个举措，注重人才的选拔、培养和使用。

王安石变法在一定程度上限制了统治阶级对农民的剥削，促进了农田水利事业的发展，改善了国家的财政状况，也加强了宋朝的军事力量，具有十分积极的意义。

变法受挫

变法从来就不是一件容易的事情。新法刚一出台，便招来守旧派的指责和反对。其中募役法和市易法因为触犯了统治阶层的经济利益，反对之声尤其强烈，甚至是太后、皇后等皇亲国戚都站出来极力反对。朝廷之中，不仅别有用心的大臣反对变法，连一些正直的大臣也慢慢加入了反对者的行列。苏辙起初在王安石统领的制置三司条例司任职，却极力反对青苗法的推行。王安石的好友司马光也一直反对变法。

新法虽然有宋神宗的鼎力支持，奈何反对的人太多，实施起来举步维艰。变法推行了一段时间，恰逢天下大旱，反对派以"天变"为借口，掀起了对变法的大规模围攻。到了这时，宋神宗的意志也开始动摇，为了平息朝廷中的纷争，他罢了王安石的相位。

当然，宋神宗并不甘心变法失败，他任用不反对变法的韩绛为相，起用一直跟随王安石的吕惠卿为副相，继续变法。但没有了王安石，变法出现了更多问题。于是，仅仅一年之后，宋神宗便差人将王安石召回，恢复其相位，让他继续主持变法。此时，王安石已经五十多岁，经历这么多波折，变法的锐意和魄力已减。更重要的是，宋神宗对于王安石的信任和依赖也不如从前。

公元1076年，王安石的儿子因病早逝，白发人送黑发人，王安石悲痛欲绝，因而请辞相位，宋神宗只好同意。这次直到王安石逝世，他再也没有回到朝廷。

元丰改制

王安石辞相之后，宋神宗开始亲自主持变法。但因为前几年的变法经验，宋神宗不再期望进行全面的改革与振兴，而是寄希望于在保持新法既得成果的基础上，在某些方面使改革有所推进。公元1078年，也就是北宋元丰年间，宋神宗绕开容易引起争论的财政问题，把注意力放在整顿冗官和强化军兵保甲问题上，开始了"元丰改制"。

针对建国之初所形成的冗官问题，宋神宗撤销了只挂空名的官职，将原先只作为虚职的官员都改成实职，同时重新命名编定了官阶，作为官员俸禄及升降的品阶标准。公元1082年，元丰五年，宋神宗以《唐六典》为蓝本，颁行三省、枢密、六部新官制。元丰改制，表现了宋神宗维持新政、继续改革的心愿，在一定程度上改变了宋初以来混乱的官僚体制，奠定了北宋后期和南宋中央官制的基本构架。

反击交趾

宋神宗在对内变法期间，对外曾主持了两次军事行动。一是对交趾的反击战，二是对西夏的进攻。其中只有对交趾的反击战取得了胜利。

交趾位于现在的越南北部地区，自宋仁宗时期，就不断侵扰宋朝边境。公元1075年，交趾出动大军，分水陆两路大举攻入北宋。

公元1076年初，宋神宗派郭逵（kuí）率领大军到达广西前线。当时，交趾军队已经占领了邕州地区，邕州知州自焚殉国，大量的邕州军民被交趾军杀害。郭逵率领的宋军作战英勇，很快就收复了全部失地。为了彻底解除交趾的威胁，宋神宗命郭逵继续进攻交趾。于是，公元1076年底，郭逵率大军攻入交趾境内。交趾派出象队向宋军发起进攻，宋军用刀砍断象鼻，用强弩射死大象，大败交趾军。交趾国王李乾德被迫向宋军投降。从此，北宋不再受到交趾的侵扰。

含恨而逝

宋神宗对西夏的作战则不那么顺利。西夏在北宋初年迅速崛起，其首领李元昊在宋仁宗时脱宋自立，建国号大夏，史称西夏。北宋为此兴师问罪，讨伐西夏，但几场大战下来，北宋战败，不得不进行"庆历和议"。虽说西夏名义上称臣，北宋方面却要每年赐银、绢等物品维持和平。

宋神宗继位之后，开始积极筹划讨伐西夏。他向西拓地，并招抚羌族和吐蕃部族，以期完成对西夏的夹击。公元1081年，西夏惠宗在位时，梁太后专权，囚禁惠宗导致国内政乱，宋神宗认为伐夏良机已至，便出动五路大军，围攻灵州城，却久攻不下。宋军因粮草不继，死伤者众多，无功而返。到公元1082年，宋神宗听从大臣徐禧的建议，筑永乐城，准备进攻西夏横山地区，结果西夏集结三十万大军将永乐城攻陷，徐禧战死。这两次作战失败使北宋损失惨重，宋神宗听到永乐城陷，在早朝时对着大臣失声痛哭。

  对西夏军事上的失败使宋神宗深受打击，一病不起，终于在公元1085年逝世。宋神宗一生都在致力重建一个强盛的宋朝，只可惜最后未能成功。他耗尽一生心血的新法，在他死后，被他的母亲高太后暂时废除。不过令人欣慰的是，他的儿子宋哲宗后来陆续恢复了一些新法，很多措施一直到南宋时期仍在执行。

第十三章　一代天骄成吉思汗

一代天骄成吉思汗

【姓名】孛儿只斤·铁木真
【史称】成吉思汗
【民族】蒙古族
【生卒年】公元1162年—公元1227年
【主要成就】中国历史上统一蒙古草原，建立蒙古汗国，远征欧亚诸国
【创举】中国历史上创造以少胜多的战争次数最多的帝王

　　成吉思汗是一位叱咤风云的英雄，是震撼世界的军事家。有人统计过，他一生共指挥了六十多次战役，除"十三翼之战"因实力悬殊失利外，再无败绩。他征服的疆域之广，纵观世界历史，也属罕见。

成吉思汗铁木真

苦难童年

公元1162年,一位蒙古族妇女生下了一名男孩儿。男孩儿出生的时候,恰逢他的父亲——蒙古族乞颜部的首领——也速该从战场上胜利归来,他刚刚在一次战斗中俘虏了塔塔儿部的首领铁木真兀格。为了纪念这次胜利,也速该给自己的儿子起名叫"铁木真"。

铁木真家族是蒙古族乞颜部的显赫家族,然而,在铁木真九岁的时候,他的父亲也速该被塔塔儿部的人下毒杀害。也速该死后,他的大部分部属都另谋出路,使铁木真家族一下子跌入了苦难的深渊。铁木真的母亲为了抚养她未成年的儿女们,只能靠采集野果、挖草根、捕鱼打猎为生,过得十分艰苦。不仅如此,他们还常常面临其他部落的威胁。有一次，泰赤乌部落的首领捉到了铁木真，就给他戴上了木枷，打算择日处死。铁木真趁卫兵不备，突然用木枷打倒看守，历经磨难，才逃回了家。

青少年时期的困苦生活，让铁木真形成了刚强果敢的性格和坚韧不拔的毅力。

统一蒙古草原

铁木真长大后，立志要恢复自己家族部落的势力。他将妻子孛儿帖的嫁妆黑貂皮袄，献给了当时草原上实力强大的克烈部首领王罕，博得了王罕的好感，取得了他的支持。

十八岁时，篾儿乞部劫走了铁木真的妻子孛儿帖，铁木真于是向篾儿乞部开战。在克烈部首领王罕和札达兰部首领札木合的帮助下，铁木真打败了篾儿乞部，不仅救出了自己的妻子，还俘虏了许多篾儿乞部落的人。这些人成为铁木真的奴隶，增强了铁木真的实力。不久，铁木真就被推举成为乞颜部的可汗。

铁木真实力的壮大，引起了札木合的不满。札木合于是联合塔塔儿部等十三个部落，向铁木真发起进攻。铁木真也将自己所属部众分成十三翼迎战。这次大战因此被称为"十三翼之战"。结果，铁木真遭到失败。此战成为铁木真一生大小六十余战中唯一的一次败绩。

札木合胜利后，残忍地将俘虏扔到大锅里煮死。这一行为引起了许多人的不满，一些归附札木合的部落转而投奔了铁木真。

铁木真因祸得福，他虽然战败了，实力反而得到了增强。

后来，金国派遣军队攻打塔塔儿部，铁木真协助金军作战，打败了塔塔儿部，获得了不少战利品。这样铁木真不仅为父报了仇，还扩充了自己的实力。

之后，铁木真又打败了泰赤乌部，消灭了札木合。他还奇袭王罕金帐得手，打垮了克烈部。铁木真马不停蹄地东征西讨，终于统一了整个蒙古草原。

称汗立国

公元1206年春，铁木真在斡难河[①]源头举行蒙古草原的贵族大会，贵族们推举铁木真为大汗，尊号"成吉思汗"（"成吉思"在蒙古语中是"拥有四海"的意思）。蒙古汗国建立之后，原来散居在蒙古草原的一个个游牧部落，逐渐融合成为一个统一的、以"蒙古"为名称的民族。

为了加强统治，向外扩张，成吉思汗建立了一套具有游牧民族特色的国家制度。

他首先在蒙古汗国实行了军民合一的千户制。成吉思汗将全蒙古汗国的百姓划分成九十五个千户，由千户长来管理。千户以下，又设立百户、十户，改变了原来的氏族部落的血缘组织。每个千户既是行政管理单位，又是军事单位。

其次是扩充怯薛。怯薛即亲卫军，是由成吉思汗直接指挥的卫队。在早期的战争中，成吉思汗曾经建立起一支卫队。建国

斡难河，今鄂嫩河

后，他把这支怯薛扩充到一万人。怯薛是精锐部队，战斗力很强，是成吉思汗进行对外战争的得力部队。

第三是创建文字。蒙古族原本没有文字，人们多是结草或刻木记事。成吉思汗打败乃蛮部时，俘虏了其掌印官塔塔统阿。塔塔统阿是畏兀儿人，于是他借用畏兀儿文的字母拼写蒙古语，创造了蒙古文字。蒙古文字的形成，进一步丰富了国家机器的职能，是蒙古汗国历史上一个具有重大意义的事件。

第四是颁布法律。成吉思汗设置了权力很大的断事官，负责属民的分配、案件的审理、罪犯的判决等具体工作。成吉思汗下令，经过决断的事要写在青册上，而经过断事官和大汗商议写在青册上的，子孙万代不许修改。这些写在青册上的断事条文，成为蒙古汗国的法律条文。成吉思汗的命令也被记录下来，成为不可违反的法律。后来这些条文形成了《札撒大典》。

南征大金

蒙古草原的南边，是金②的统治地域。当蒙古各部落互相攻伐之时，金的势力正如日中天，因此，很多蒙古部落都认金为宗主国，向金称臣纳贡。即使这样，金仍然时不时地袭扰蒙古部落。

成吉思汗统一蒙古草原之后，为了消除金的威胁，于公元1211年春天，挥师南下，向金发起了进攻。

成吉思汗按照蒙古族的习俗，先是登上高山，祈求上天帮助蒙古人打败金国，为祖先报仇。当年七月，蒙古军队就突破了金修筑的防御游牧民族的边墙，在野狐岭（今河北张北）重创金军。

几年之中，蒙古军队攻克了河北、山西、山东、辽宁的大多数州县。

公元1213年秋，成吉思汗指挥大军在怀来（今河北怀来）与金军决战，金军惨败，精锐部队几乎全部被歼灭。公元1214年春，成吉思汗兵临金的都城中都（今北京）城下，逼得金宣宗不得不遣使求和。金宣宗献出卫绍王永济之女歧国公主，再加上大量财物，并派宰相亲自恭送蒙古军队出居庸关。成吉思汗撤走之后，对蒙古军队恐惧万分的金宣宗赶紧在五月迁都南京（今河南开封），把都城迁得离蒙古人的地盘远远的。

成吉思汗听说这个消息，以金缺乏诚意为借口，再次挥师南下，围攻金的中都。不久就攻破中都城，金中都国库里的财物全

铁木真西征

部被成吉思汗掠走。

经过成吉思汗的一系列打击，金元气大伤，岌岌可危。

西征欧亚

蒙古族是一个游牧民族，草原上的牛和羊充其量只能保证牧民吃饱穿暖，因为农业和手工业不发达，所以游牧民族想要获得更多的财富，最好的办法只有掠夺。这也是成吉思汗不停地东征西讨的原因。

通过几年的征讨，蒙古军队拥有了一定的财富，掳获了许多人口和马匹，蒙古汗国的国库大为充实，军事力量得到了进一步增强。于是，成吉思汗把视线投向更加遥远的地方。

公元1218年，成吉思汗派遣大将哲别率领两万蒙古军队攻打西辽，占领了西辽领土。这样，蒙古汗国就已经和中亚大国花剌子模接壤。

起初，两国还能友好地进行贸易交流。花剌子模的使者和商队来到蒙古汗国，成吉思汗盛情地款待了他们。然后，成吉思汗派遣了一支四百多人的商队回访。不料，商队到达花剌子模的讹答剌城时，花剌子模太后的兄弟海儿汗见财起意，竟然屠杀了商队，把货物洗劫一空。

成吉思汗闻讯后，异常悲痛与愤慨。他派遣三名使者前往花剌子模，去质问花剌子模的苏丹摩诃末。当时的花剌子模国力相当强大，周边诸国都十分惧怕它。摩诃末对于蒙古人一点儿也不了解，他可能以为蒙古人是一群野蛮人，骑着像兔子一样矮小的马，根本不堪一击。太后的兄弟海儿汗贪财害死了蒙古商队，他并不赞成，也不知情，但因为太后支持自己的兄弟，他便以强硬的态度对待蒙古的使者。摩诃末当场下令杀了为首的使者，并将另外两名使者剃去胡须后放回，以示侮辱。

这样一来，成吉思汗彻底被激怒了，他对天起誓，一定要花剌子模血债血偿。

公元1219年，成吉思汗亲自统率大军西征花剌子模。花剌子模的军队根本不是蒙古军队的对手，在成吉思汗的进攻下一败涂地。蒙军铁骑所到之处，攻陷城池，掠夺财物，过去繁华的城市被夷为平地。摩诃末在蒙古军队的追击下狼狈逃窜，后来逃到里海的一座小岛上病死了。

公元1222年，成吉思汗的大军就已经占领了整个花剌子模和中亚地区。在进攻花剌子模的同时，成吉思汗又派哲别和速不台率领一支蒙古军队，越过高加索山，到达克里米亚半岛。还有一支蒙古军队一直推进到了第聂伯河边。

大汗之死

成吉思汗一生征战，即使是死，也死在了征途中。

成吉思汗在西征花剌子模之前，曾派使者去西夏征兵，却遭到了西夏的拒绝。

公元1223年，蒙古大将木华黎进攻大金凤翔府，要求西夏出兵相助。西夏在被逼之下，不得不派了兵。然而，在此战中，由于蒙古军久攻不下，西夏军为了保存实力，擅自撤军，因此又惹恼了成吉思汗。

蒙古汗国屡次征兵，西夏不堪重负，这引起了西夏皇帝的不满，于是决定起来反抗蒙古汗国。西夏皇帝联合了一些小部落，联手抗蒙，结果被成吉思汗派木华黎之子打败。西夏皇帝为了自保，转而同金结盟。

西夏与金结盟，对蒙古汗国而言是非常不利的，不灭西夏，就难以彻底打败金。于是，成吉思汗在西征回到草原之后，不顾自己年事已高，也不管征途劳累，带领儿子窝阔台和拖雷，亲征西夏。

在进军的路上，成吉思汗在打猎时不慎坠马，伤势很重，但他不肯罢兵，仍然继续前进。按成吉思汗的指示，蒙古军队兵分两路，陆续攻占了西夏的许多城池。然而，西夏军队仍然顽强地守护着自己的家园，所以蒙古军队的作战也很艰苦。公元1226年，蒙军围困中兴府（今宁夏银川），几个月都没有攻下来。直到中兴府弹尽粮绝，西夏皇帝才不得不遣使请降。西夏皇帝请求成吉思汗能宽限一个月再献城，成吉思汗答应了。

此时，成吉思汗的健康状况越来越差。他自知将不久于人世，于是命令窝阔台、拖雷和诸将来到身边，立下了三条遗嘱：一是立窝阔台为汗，大家要同心协力辅助他；二是提出了灭金的策略方针，即著名的"联宋伐金"的策略；三是他死后要秘不发丧，要等西夏皇帝献城，灭掉西夏之后才能公布天下。

公元1227年，成吉思汗在甘肃清水县去世，享年六十六岁。按照他的遗诏，蒙古军队隐瞒了他的死讯，灭掉西夏后，才将他的灵柩送回蒙古。根据蒙古人的习俗，他的幼子拖雷主持了葬礼。葬礼之后，蒙古人将成吉思汗葬在了一个不为人知的山谷中。

成吉思汗虽然已死，但是他的军事指挥策略在一段时间内仍然影响着蒙古大军前进的步伐。据他生前的战略指示，公元1234年，蒙宋联手，灭掉了金。公元1271年，他的孙子忽必烈建立元朝。

另外，在成吉思汗及其后人西征获得的广阔土地上，逐渐形成了四大汗国——钦察汗国、察合台汗国、窝阔台汗国和伊利汗国，分别由成吉思汗四个儿子的子孙后代统治，虽说和元朝有着宗藩关系，但实际上已是各自独立发展了。

知识拓展：

①斡难河

如今称为鄂嫩河，是一条主要位于蒙古和俄罗斯境内的河流，是蒙古部族的发祥地。

②金

金是中国历史上由少数民族女真族建立的政权，建都中都（今北京）。金消灭了辽国和北宋，后在蒙古和南宋的南北夹击下灭亡。

第十四章　一统中原元世祖

一统中原元世祖

【姓名】孛儿只斤·忽必烈
【史称】元世祖
【朝代】元朝
【民族】蒙古族
【生卒年】公元1215年—公元1294年
【主要成就】建立元朝，首创行省制度，统一全国

忽必烈之前，蒙古铁骑虽然纵横驰骋，所向无敌，却一直没能统一中国。直到忽必烈时期，他知人善任，尊崇中原文化，改革蒙古陋习，最终统一中国，建立元朝。忽必烈是元朝的第一任皇帝。而在忽必烈之前，成吉思汗所建立的蒙古帝国，史书中一直称其为"大蒙古国"。

元世祖忽必烈

治理漠南

忽必烈是成吉思汗的孙子，他的父亲是成吉思汗的幼子拖雷。忽必烈的母亲是一位很有见识的少数民族妇女，她经常召汉族文人到蒙古来，使忽必烈很早就受到了中原文化的影响。青年时期的忽必烈就以唐太宗为楷模，锐意进取，招揽天下人才，向他们请教治国平天下之道，为以后一统中原打下了基础。

公元1251年，忽必烈的长兄蒙哥当上了大汗，蒙哥任命忽必烈掌管漠南汉族地区的军政事务。于是，忽必烈搬到漠南居住和办公。在那里，他起用了许多汉族的文人做官，这些人成为忽必烈争取汉族地主阶级支持的纽带，也成为他治理漠南的重要支柱。在汉族文人的影响下，忽必烈逐渐抛弃了之前落后的统治方式，开始采用儒家思想来实行统治。

有一次，蒙哥大汗派了两个断事官到忽必烈的统治区域办事，这两名官员手段酷烈，嗜杀成性。有一个人，犯的只是盗马的罪，被杖责之后依例已经被释放。这时来了一个献大刀的人，断事官们想试试所献之刀是否锋利，就追上那个刚被释放的盗马贼，在他身上乱砍一通，为了试刀竟然轻率地害死一条人命。这些官员办公一天，就杀了二十八个人。忽必烈闻讯后，对断事官们进行了严厉的谴责。他教育这些官员，要改变以前在草原上习以为常的野蛮行为，死刑应该根据案情慎重议罪后才能施行，不能草菅（jiān）人命。

忽必烈还重视吏治，他选拔优秀的人才担任地方官员。短短几年，他管辖的区域就恢复了生机，经济有所发展。

争夺汗位

公元1252年到1253年，忽必烈奉蒙哥大汗之命征服了吐蕃和大理，完成了对南宋的战略包围。此时，蒙哥认为灭宋的时机已到，于是亲率大军进入四川，向南宋发起进攻。

蒙古军队初期进展比较顺利，后来在进攻合州（今重庆合川）时，遭到南宋军民的顽强抵抗，蒙古军队损失惨重。公元1259年，蒙哥亲临钓鱼城前线指挥作战，被宋军投石击中，不久就因伤重身亡。

蒙哥大汗一死，谁来继承汗位的问题马上突显出来。蒙哥有三个弟弟：忽必烈、旭烈兀和阿里不哥。这三个人都是蒙哥同父同母的兄弟，蒙哥排行老大，忽必烈排老四，旭烈兀排老五，阿里不哥最小。按照成吉思汗立下的规矩，推举一位新的大汗，需要蒙古贵族汇集到蒙古本部召开库里勒台大会①。

此时，忽必烈正在围攻南宋的鄂州，旭烈兀带领一支蒙古军队西征到了西亚，阿里不哥则镇守在蒙古本部。从位置上看，阿里不哥最占优势，旭烈兀离家太远了，基本丧失了争夺汗位的资格。这时忽必烈使了一个心计，他听说蒙哥的死讯后，马上撤兵北归，但他没等回到蒙古本部，只是回到了他统治的漠南的大本营开平时，就宣布召开了库里勒台大会，让自己的亲信贵族推举自己继汗位，比阿里不哥抢先了一步。过了一个月，阿里不哥才在蒙古本部和林，被本土蒙古贵族推举为大汗。这样一来，大蒙古国有了两位大汗，一场汗位之战已不可避免。

从成吉思汗留下来的规矩而言，阿里不哥显得名正言顺一些。可是从军事实力上来说，忽必烈更加强大。于是，这场兄弟之间的汗位之争，一直持续了四年。公元1264年，屡遭失败的阿里不哥向忽必烈投降，并被忽必烈囚禁起来，直到公元1266年去世。

至此，忽必烈的汗位终于巩固下来，成为大蒙古国的大汗。

统一全国

自从公元1206年成吉思汗统一蒙古以来，大蒙古国一直是以族名为国名，而没有像北魏、辽、金那样建立国号。忽必烈称汗后，过了十多年，他也没有另立国名。终于，在公元1264年，忽必烈在其统治地位已经逐渐巩固时，正式建国号为"大元"。大元这个称呼来自《易经》中的"大哉乾元"这句话。元朝的建立，标志着蒙古从一个少数民族政权向中原封建王朝的转变。

公元1272年，忽必烈下令将金国的都城中都改为大都，宣布在此建都。第二年，大都宫殿建成，元朝从此就定都在大都（今北京）。此后，明、清两代，北京一直都是都城。由此可见，元大都的修建影响深远。

忽必烈建立元朝之后，进一步加快了统一全国的步伐，兵锋直指奄奄一息的南宋朝廷。

早在公元1260年，忽必烈即位后不久，他就派遣郝经以国信使的身份来到南宋，要求南宋履行当年签订的和约，向蒙古献银纳绢。但是，南宋权臣贾似道却隐瞒了与蒙古和议以及称臣纳贡这个事实。他当时谎称宋军全面获胜，赶跑了蒙古军队，以此邀功请赏。贾似道知道郝经来到朝廷后，真相就会败露，于是把郝经拘留在真州（今江苏仪征）。

公元1267年，忽必烈终于忙完了争夺汗位等一系列大事，腾出手来，就以南宋扣押国信使为由，向南宋发起了大规模的进攻。

忽必烈先集中力量进攻南宋的军事重镇襄阳和樊城。但是，这两座城镇都有重兵把守，在城中军民的顽强抵抗之下，蒙古军队围攻数年，始终不能攻克。情急之下，忽必烈调来了火炮攻城，终于在公元1273年攻陷了樊城。樊城失守，使得襄阳孤掌难鸣，襄阳的守将苦苦等不来援军，无奈之下只好献城投降。

忽必烈经过近五年的血战才攻下了这两座城市。襄、樊两城的失守，让南宋长江中游的门户大开，元军后面的进展就变得顺利多了。

公元1274年，忽必烈发表《下江南檄》，派伯颜统率大军，顺长江而下，直捣南宋都城临安（今浙江杭州）。出师之前，忽必烈告诫伯颜要学习北宋开国大将曹彬，切忌屠杀、掠夺百姓，伯颜谨记忽必烈的指示，一路上势如破竹，沿江城镇相继陷落。

公元1275年，在南宋朝廷的压力下，贾似道迫不得已率军与元军决战，此时的南宋军队哪里是元军的对手，很快就被打得败下阵来。公元1276年，伴随着入骨的寒气，元军攻陷了临安，南宋恭帝投降。忽必烈消灭南宋，建立了统治全国的政权。

忽必烈建立元朝，南宋灭亡，结束了中国长期分裂的局面。在中国古代史上，此后再也没有出现过长期大分裂的局面。在实现国家统一方面，忽必烈建立了不朽的功绩。

推行汉法

蒙古骑兵骁勇善战，横扫欧亚大陆。作为一个马背上的民族，蒙古族习惯了居无定所的生活，但此时国家统一了，生活也安定下来了，纵横驰骋、攻城略地已成为荣耀的回忆，如何统治这个汉族人口占绝大多数的国家，才是放在忽必烈面前的难题。

在忽必烈即位之初，对于这个问题存在着两种不同的观点：一种观点是要沿用蒙古的"老传统"来统治国家；另一种观点则认为，历史上凡是少数民族入主中原的，必须实行汉族的法制才可长久。两种观点都有道理，最终决定权交给了忽必烈。由于很早就受到汉民族传统儒家思想的影响，忽必烈毅然选择了使用"汉法"来实行自己的统治。

即位后的忽必烈，先是确立了年号和国号；又效仿汉族皇帝在大都建立了太庙，并制定了祭祀制度，定期祭祀祖先；还采纳了汉族大臣觐见皇帝时的礼节，制定了朝仪。这样，元朝在名称和礼仪制度上就很接近汉族王朝了。

在国家机构和官职制度上，忽必烈也吸收了汉族封建王朝的组织形式。他在中央设立中书省总理全国行政事务，下设吏、户、礼、兵、刑、工六部，设枢密院掌管军事，御史台负责监察。他还设立了太史院、宣政院等管理日常事务，这些机构大都是汉族王朝所创，有的只是改改名称，功能相同。实在想不出更恰当名称的，干脆连名称都照搬。

忽必烈在地方上则设立了十个行省，行省下面设路、府、州、县。每级地方机构，都委派相应级别的官员负责管理。元朝的行省制度对明、清以及后来的政治制度有着深远的影响，行省从此成为中国的地方行政机构，并一直保留至今天。

忽必烈积极倡导以儒学为主体的汉族传统文化，他下令修建孔庙，祭祀孔子；设立国子学，传授孔孟之道，从而很好地传承和促进了汉族文化的发展。

忽必烈非常重视经济的发展，他鼓励发展手工业和商业，大力兴修水利，发展农业。良好的国策，使社会经济得到了迅速恢复和发展。

历史证明，虽然元朝是以少数民族政权统一了中国，但由于忽必烈尊儒并推行汉法，元朝仍然延续并推进了以汉族传统文化为主体的中华文化传统的发展。

失政之处

忽必烈做皇帝期间，做了很多英明的决断，但他也做了一些糊涂的事情。

公元1282年，大都发生了一起震惊朝野的大事。大臣王著趁忽必烈和太子真金不在大都之际，假称真金回宫，要召见权臣阿合马。当阿合马进宫后，王著一把抓住他，并拿出暗藏的大铜锤，砸碎了阿合马的脑袋，然后投案自首。王著为什么要杀阿合马？这与忽必烈用人失当是有关系的。阿合马是个敛财的老手，他担任诸路转运使，掌握了财政大权，通过增加赋税、卖官、滥发钞币等方式增加了朝廷的收入，自己也乘机发了大财。忽必烈竟然很赏识他，还升了他的官。阿合马仗着忽必烈的宠信，骄横专权、结党营私、陷害忠臣良民。阿合马的行为引起了朝野正直之士的愤慨，终于引得王著牺牲自己，为民除害。宠臣阿合马之死，引得忽必烈龙颜大怒，他匆匆下令处死了王著。

几年之后，忽必烈又任用桑哥理财，而桑哥俨然就是阿合马的一个翻版，甚至有过之而无不及。忽必烈后来抄了桑哥的家，发现他的财产竟然有朝廷的一半之多。人赃俱在，此时的忽必烈才捶胸顿悟，悔之晚矣。

另外，以往一朝明君在统一全国之后，都会偃武修文，休养生息，让老百姓恢复一下元气，医治战争创伤。可是忽必烈这个"马上皇帝"依然对外扩张。长期的对外战争，消耗了大量的财力和物力，给老百姓造成了巨大的伤害。因此，在他晚年，各族人民的起义此起彼伏，社会矛盾日趋尖锐。这也是整个元朝的社会经济都没有恢复到宋朝水平的根本原因。

公元1294年，忽必烈因病去世，结束了他波澜壮阔的一生，享年八十岁。

知识拓展：

①库里勒台大会

库里勒台大会是蒙古人选举大汗、召开部落大会讨论重大问题的会议形式。成吉思汗临死前，把他的儿子叫到身边，要求他们答应蒙古只能有一个大汗，所有人都要效忠大汗，如果大汗死了，那么所有蒙古人都要汇集到蒙古本部召开库里勒台大会，共同推举一位新的大汗。

第十五章　布衣天子明太祖

布衣天子明太祖

【姓名】朱元璋
【史称】明太祖
【朝代】明朝
【民族】汉族
【生卒年】公元1328年—公元1398年
【主要成就】推翻元朝，结束民族等级制度，建立明朝；加强中央集权，整顿吏治，恢复生产
【创举】中国历史上出身最贫寒的皇帝

在古代帝王之中，朱元璋向来是人们争论的热点人物。他出身贫苦，却从一个穷和尚、普通士卒成长为一国之君；他多智善断，又狡黠阴狠，甚至屠杀开国功臣；他赏罚严明，又用刑残酷，有暴虐之举。让人不可否认的是，朱元璋是中国历史上留有浓墨重彩的一位传奇帝王。

明太祖朱元璋

苦难童年

朱元璋原名叫朱重八，出生在安徽濠州（今安徽凤阳）一个贫苦的农民家庭，他的祖上都是地地道道的农民，这与以前那些贵族、军人出身的开国皇帝有着很大的不同。朱元璋出生的时候已经到了元朝末年，政治腐败，官吏贪污腐败的情况非常严重。再加上灾害连连，瘟疫频发，老百姓的生活苦不堪言，社会矛盾日益激化。

小时候的朱元璋只能给地主家放牛，如果没有大的变故，也许朱元璋就和他的父亲一样，一辈子给地主家放牛，过着普通农

朱元璋称帝后在家乡凤阳所建的中都皇城

民的贫苦生活。可是变故说来就来了，没过多久，安徽北部发生了严重的旱灾和虫灾，地里的庄稼颗粒无收。天灾刚过，瘟疫开始蔓延，人畜大量死亡，尸横遍野，到处是悲凉凄惨的景象。在这场灾难中，朱元璋的父亲、母亲和大哥先后身亡，二哥无奈，也只好逃荒去了。年少的朱元璋顷刻就变得家破人亡，成了孤儿。没办法，朱元璋为了活命，只好出家到附近的皇觉寺当了小和尚。

灾情越来越严重，庙里的和尚们也断了粮，朱元璋被方丈派出去化缘，以讨饭维持生活。朱元璋游荡在安徽、河南一带。他风餐露宿，过着饥一顿饱一顿的日子，最大的愿望就是能吃上一顿饱饭。少年朱元璋尝尽了颠沛流离之苦。

揭竿而起

老百姓在天灾的磨难中苦苦挣扎，可元朝官府却毫无赈灾救民的举动，反而加重苛捐杂税，横征暴敛，使百姓的生活雪上加霜。公元1351年，忍无可忍的老百姓终于揭竿而起，纷纷举起了反元大旗。因为起义军人人头裹红色布巾，所以被称为"红巾军"。全国各地的红巾军并没有统一的指挥，大伙儿都是各自为战。当时势力较大的有彭莹玉、刘福通、张士诚等人率领的几支队伍。

穷和尚朱元璋的日子越来越不好过，到处都是起义军，满世界都是搜捕起义军的元军，遍地战乱。残暴的元军甚至把普通老百姓充当起义军士兵杀掉，然后去邀功请赏。在朱元璋彷徨无助的时候，他幼时伙伴汤和的一封信彻底改变了他的命运。

公元1352年，汤和来信邀请朱元璋加入郭子兴的红巾军。朱元璋心想，反正当和尚也不知道哪天就会死掉，不如起来造反，没准还有一条活路。从此，朱元璋开始了戎马生涯，当时他可能完全想不到自己未来所能达到的高度。

朱元璋胆大心细，作战勇敢，打了几场胜仗之后，就格外受到郭子兴的器重，连连得到提拔。不久，郭子兴就把自己的养女许配给他（这就是后来有名的大脚马皇后[①]），朱元璋的名气也就越来越大。鉴于自己声名鹊起，这时他才给自己正式起了朱元璋这个名字。

发展壮大

公元1353年，郭子兴派朱元璋回家乡安徽去征兵。短短数日，朱元璋就聚集了一支近千人的队伍。郭子兴把这支队伍交给朱元璋带领，这样朱元璋就有了自己的第一支队伍。之后，朱元璋带着这支队伍南征北战，攻城略地，越来越壮大，一批有识之士也纷纷前来投靠。不久，郭子兴病逝，朱元璋被刘福通任命为这支红巾军的副元帅，接着又被提升为大元帅。至此，由郭子兴亲手打造的红巾军全部都由朱元璋指挥了。

公元1356年，实力大增的朱元璋进攻集庆（今江苏南京）。仅在集庆城外的一场大战中，朱元璋就收服元朝降兵三万人。降兵们起初都很害怕，不知道会被如何处置，故而军心不稳，个个惊恐。朱元璋为了使这三万人为己所用，从中挑选了五百名勇士，带到自己的营房，夜里让他们围着自己的营房，和自己一起就寝。五百名降兵非常感谢朱元璋的信任，于是死心塌地地报效朱元璋。几天之后，朱元璋用这些降兵作为先锋，攻打集庆。降兵们感恩图报，奋勇杀敌，不到十天就攻下集庆。朱元璋进城后，下令安抚百姓，废除元朝的暴政，改集庆为应天府。

从此，朱元璋的军队所向披靡，先后攻克了镇江、常州、扬州等重镇。

几年鏖战下来，朱元璋从一个四处化缘的小和尚，成长为拥兵数十万、雄踞一方的霸主。他的志向也不再是当年的几头牛和几亩田。他知道，统一中原、称霸天下已经不再是个遥不可及的梦想。于是，朱元璋按照谋士朱升提议的"高筑墙、广积粮、缓称王"的策略，抓紧军事训练，提升士兵的作战能力，招聘有才干的读书人，发展农业生产，积蓄力量，做好逐鹿中原的准备。

一统江山

朱元璋攻下应天府之后，以此为中心建立了自己的根据地。虽说此时朱元璋实力大增，却四面受敌。在他西面是陈友谅[②]，东面是张士诚，东南邻方国珍，南邻陈友定。方国珍、陈友定的目标在于保土割据；张士诚则对元朝首鼠两端，没有多大雄心；陈友谅最强，是朱元璋最危险的敌人。

还没等朱元璋准备停当，陈友谅先动手了。他约张士诚东西夹击应天，要平分朱元璋的领地。朱元璋沉着应战，他先是派兵袭扰陈友谅的后方，然后再诱敌深入予以歼灭。中了埋伏的陈友谅大败而归。公元1363年，双方又在鄱阳湖上展开生死大战。这一场大战持续了三十六天，最后陈友谅被乱箭射死，朱元璋取得了最后的胜利。

打败了陈友谅，朱元璋接下来就把目标对准了张士诚。张士诚早年以贩卖私盐为业，元末时因不满贪官压迫，带领一伙盐贩起义，后来定都平江（今江苏苏州），控制着当时全国最富庶的地区。公元1366年底，朱元璋逐步攻占了张士诚统治的各处城

鄱阳湖之战

镇后,平江成为孤城,被朱元璋团团包围。平江作为张士诚的都城,他自然会苦心营造,因此平江城十分坚固,易守难攻。针对这种情况,朱元璋在城墙四周造了三层的木塔楼,比城墙还高,然后用弓弩、火铳向城内射击,再在四周架起大炮日夜轰击。就这样,平江城坚守了半年多,终于被攻破,张士诚自缢身亡。

朱元璋攻占了张士诚盘踞的长江下游地区后,又相继平定了浙江地区的方国珍、福建地区的陈友定。

统一了中国南方大部分地区后,朱元璋任命徐达为大将

古代中国著名帝王 153

军，常遇春为副将军，挥师北上，同元朝的残余势力进行最后的决战。

公元1368年，徐达攻破大都，元朝宣布灭亡。

在元朝灭亡之前，也就是公元1368年，朱元璋就在应天正式宣布称帝，定国号为大明。一个祖祖辈辈都是农民的孩子，一个小牧童和穷和尚，经过数十年的艰苦奋斗，最终成为中国历史上又一位布衣出身的开国皇帝（第一位为汉高祖刘邦）。

成功之路

元朝末年，中原大地群雄逐鹿，出现过天完、龙凤、大周、大汉、夏、吴等地方政权。然而，最终却由一个穷苦农民出身的朱元璋统一了天下，他既没有家底，也没有背景，到底是什么原因使他能够成就如此霸业呢？

首先起决定因素的是他的性格和能力。

朱元璋最初投奔到郭子兴麾下，只是一个小小的士兵。入伍没多久，他就显示出与众不同的办事能力。每次出去执行任务，朱元璋都能顺利完成；即使遇到紧急情况，他也能从容应对，因此得到了战友们的信赖，军官遇事也向他讨教对策。

后来，朱元璋做了郭子兴的亲兵。他敢作敢为，胆大心细，打仗总是冲锋在前，得到战利品后又能如数上交，得到赏赐还能平均分给战友。加上朱元璋粗通文墨，营房附近有家信往来的人总是来找他帮忙，甚至军中告示也常常由他代写。因此，朱元璋从一个小兵渐渐成为郭子兴的心腹，继而成为元帅的女婿，地位不断提升。

有一次，郭子兴与红巾军其他派系发生矛盾，被人扣押，甚至可能被杀害。又是朱元璋在两军之间频频沟通，搬来救兵，亲自率军救出了郭子兴，立下大功。

朱元璋成为将官之后，因为资历浅，地位低，受到了一些不公正的对待。但他能正确处理，把握分寸，化解其他将领的歧视。遇到筹粮等一些困难的任务时，只有他能按时完成，在众将领心目中的地位也越来越高。

与陈友谅的鄱阳湖大战时，陈友谅倾巢而出，军队号称六十万，朱元璋也倾尽主力，统兵二十万。双方在鄱阳湖上苦战三十六天，成为中世纪世界上规模最大的一次水战。鄱阳湖大战，战况非常惨烈，从火炮到弓弩，最后直至白刃战，朱元璋身边的卫兵战死，坐舰被巨石击碎，甚至险些被俘，他都毫不退缩，战斗至最后一刻。这一战的胜利，虽有运气的成分，但他临危不惧的勇气和坚毅的性格也是不可少的。

其次，朱元璋非常勤奋。他本没有读过多少书，但是他虚心好学，喜欢结交文人墨客，常常与他们谈诗论文，说古道今。朱元璋喜欢读史书，从《史记》到《宋史》，他读的史书多达六七十种，即使在行军打仗途中他也会翻阅。朱元璋做了明朝皇帝后，更是事必躬亲，勤政爱民。他每天天不亮就起床批阅公文，处理政务，直到深夜。

当然，朱元璋成就大业，还与他能发掘人才、知人善用密不可分。他的身边聚集了一大批立下汗马功劳的栋梁之材，文臣有李善长、刘基、宋濂，武将有徐达、常遇春、汤和、邓愈、蓝玉、冯胜、傅友德。这些人与朱元璋一起出生入死，为大明基业冲锋陷阵，殚精竭虑。

如果说明朝推翻腐朽的元朝是历史必然的话，那么朱元璋的成功，则是他个人的聪明才智和刻苦奋斗的结果。

功过得失

朱元璋虽说有很多优点，但是他也有不少缺点，尤其在他当上皇帝之后，有些做法显得过于残酷了。

朱元璋因为亲身经历了元末的政治腐败、贪官污吏对老百姓的伤害，十分痛恨贪官祸国殃民，因此他制定了严酷的法令来杜绝贪腐之风。例如，凡是监守国家财物而自盗者，只要数额超过六十两银子，就要被处以剥皮之刑并斩首示众。许多县衙门外都有被处死的贪官，被剥皮以后跪在门前。

朱元璋执政时，户部侍郎郭桓贪赃枉法，盗卖官粮，朱元璋先是把六部左、右侍郎以下的官员全部处死，又将牵连到的各级地方官员下狱审问，竟然有数万人死于狱中，这其中有贪官污吏，也有被冤死的好官。

朱元璋嗜杀的本性还体现在维护自己的皇权统治上。当朱元璋的大明江山稳固之后，他就开始有计划、有步骤地铲除所有可能威胁自己统治的人，首当其冲的就是那些开国元勋们。朱元璋先是以私穿带有龙凤的衣服为借口，将德庆侯廖永忠满门抄斩，然后严办"胡惟庸案"和"蓝玉案"，诛杀了各级官员，连开国第一功臣李善长也被牵连进"胡惟庸案"，一家七十几口全部被杀掉。如此大规模地诛杀朝廷重臣，在中国历史上堪称空前绝后。

朱元璋为人猜忌多疑，他专门设立了监控朝廷官员和民间动态的特务机关——锦衣卫。此风一开，一发而不可收，明朝后来又出现了"东厂""西厂"这些恐怖的特务机关，使明朝一直到末年，都笼罩在特务统治的阴影之下。

通过这一系列措施，朱元璋将全国军政大权高度集中，以铁腕治国，强化封建君主专制，其严酷的程度，超过了以往的任何朝代，是名副其实的强权皇帝。集权的一大弊病就是什么事情都要皇帝亲自处理，事情多而繁杂。终于，公元1398年，朱元璋不堪重负，忧劳病逝，享年七十一岁。朱元璋死后庙号为太祖，因此后人多称其为明太祖。

知识拓展：

①大脚马皇后

　　郭子兴的养女马秀英，是其世交马公的幼女。公元1352年，郭子兴把马秀英嫁给了朱元璋。马秀英是朱元璋的原配妻子，与朱元璋感情深厚。在朱元璋平定天下、创建帝业的时候，马秀英和他患难与共。公元1368年，朱元璋登基后，册封马秀英为皇后。

　　朱元璋对马皇后一直非常尊重和感激，对她的建议往往也能认真听取和采纳。朱元璋几次要寻访她的亲族封官加赏，都被马皇后劝止。对于朱元璋屠戮功臣宿将，马皇后总是婉言规劝，使朱元璋有所节制。

　　马皇后保持节俭朴实的生活作风，封后以后，仍亲自带领公主、嫔妃刺绣和纺织。她自己也是以身作则，平时粗茶淡饭，为士兵缝补衣衫、做鞋子，嫔妃皆敬服。

　　公元1382年，马皇后病逝，谥号孝慈皇后。

②陈友谅

　　陈友谅是湖北沔阳（今仙桃）人。公元1351年，徐寿辉起兵后，建天完政权，陈友谅投效徐寿辉将领倪文俊麾下。后来陈友谅袭杀反徐寿辉的倪文俊，又杀徐寿辉，登基称帝，立国号为汉。

第十六章　永乐盛世明成祖

永乐盛世明成祖

【姓名】朱棣
【史称】明成祖
【朝代】明朝
【民族】汉族
【生卒年】公元1360年—公元1424年
【主要成就】派郑和下西洋，编撰《永乐大典》，开创"永乐盛世"，兴建北京城

　　朱棣是朱元璋的第四个儿子，明朝第三个皇帝。他夺取了自己侄子的皇位之后，亲征漠北，远通西洋，弘扬中华文化，将明朝的社会经济推到了全盛时期。

明成祖朱棣

燕王戍边

朱棣于公元1360年在应天（今江苏南京）出生，当时朱元璋正在东征西讨，为统一天下而奋斗。

朱棣八岁时，朱元璋建立明朝，将元朝皇帝赶回了蒙古草原。十岁时，朱元璋封朱棣为燕王。

二十岁时，朱棣离开应天，到自己的封地北平府（今北京）就任。当时徐达奉命镇守北平，成了朱棣的老师。在徐达的教导下，朱棣的军事理论和武艺水平迅速提高。徐达不仅是朱棣的老师，还是他的岳父，朱棣在十七岁时就娶了徐达的长女做燕王妃。

胡惟庸案、蓝玉案发生后，当年跟随朱元璋打江山的开国元勋们所剩无几，于是在北部边境防御蒙古入侵的重任，就落在了已经成年的藩王们身上。除了燕王朱棣，还有朱元璋的二儿子秦王驻守西安、三儿子晋王驻守太原。但是，秦王和晋王都比朱元璋死得早，这样北方边境上朱棣的军事实力越来越强。朱棣甚至得到了朱元璋的特许，军中事宜独立专断，只有大事才报知朝廷。

　　朱棣也没有辜负朱元璋的期望，在同蒙古军队交战的过程中，他屡立战功。公元1390年时，元军残余势力南侵，朱元璋命令朱棣带兵北征。朱棣置生死于度外，率领傅友德等大将深入蒙古草原。进军途中正遇到大雪天气，不少将领都主张停止前进，而朱棣鼓励大军，正因为大雪天气，敌人才毫无防备，正是进攻的好时机。果然，明军出其不意地逼近了敌营，迫使元军残余势力不战而降。此后，朱棣多次受命北征元军，威名大振。

靖难夺位

　　为了巩固自己家族的统治，朱元璋除了加强君主专制之外，还采取了分封藩王的办法。他把自己的儿子封为亲王，分驻在全国的各个战略要地，想通过他们来保卫中央政权。而朱元璋没有想到的是，藩王势力的膨胀，却对中央政权构成了威胁。中央政权与藩王之间的矛盾，在朱元璋死后立即就爆发出来。

　　公元1392年，太子朱标病逝。朱元璋于是立太子的次子朱

朱棣夺位发起"靖难之役"

允炆（朱标长子早亡）为皇太孙。等朱元璋去世后，二十一岁的朱允炆继承了帝位，称为建文帝。建文帝在做皇太孙时，就对诸藩王不满，曾与他的伴读老师黄子澄商量过削藩的对策。所以当了皇帝之后，建文帝采纳了大臣齐泰、黄子澄的建议，决定先削掉几个力量较弱的亲王的爵位，然后再向力量最强的燕王朱棣开刀。皇族内部矛盾由此迅速激化。

后来，建文帝派人以谋反罪逮捕燕王。朱棣通过内线得知，便设计诱杀了朝廷派来监视、逮捕他的官员，并于公元1399年起兵反抗朝廷。朱元璋当年害怕朝廷内部有权臣篡位，规定藩王有举兵清君侧的权力，朱棣以此为理由，指齐泰、黄子澄为奸臣，需要诛讨，并称自己的举动为"靖难"，即平定祸难之意。因此，历史上将这场皇室内部的帝位之战称为"靖难之役"。

燕王朱棣起兵之初，燕军只占有北平这一小块儿地盘，朝廷则在各方面都具有压倒性优势。可是，朱棣凭着他在军中的地位和卓越的军事才能，最终扭转了劣势。经过河北、安徽、江苏几次大战，朱棣的大军一直打到了长江边，并于公元1402年攻入应天。在激烈的巷战中，皇宫在大火中化为废墟，建文帝朱允炆下落不明。朱棣在文武群臣的拥戴下，登上了皇帝的宝座，改年号为永乐。

迁都北平

朱棣即位之初，全国的形势仍然非常严峻，朱棣审时度势，采取了镇压和怀柔并用的政策，巩固自己的皇位。

朱棣严酷处理朱允炆的拥戴者，支持朱允炆的大臣陆续被捕，稍有不服，就被朱棣严加惩处，不是击齿，就是割舌，甚至是斩断手足。最悲惨的是被称为"读书种子"的著名学者方孝孺，因为不肯替朱棣起草即位诏书，结果被朱棣诛十族，除了亲属九族之外，将其门生也列为一族，约有八百多人因此遇难。

之后，朱棣为了稳住藩王们的情绪，一度恢复了四位藩王的封藩。但是，朱棣是以藩王起兵而夺取皇权的，他深知藩王拥兵自重的危险性，所以等自己的政权稍一稳定，就找借口削藩了。

削藩之后，朱棣首先考虑的是怎样才能加强北方的军事力量，来抵御北方少数民族的入侵。朱棣认为，最好的解决办法就是迁都北平，天子戍边。

北平是朱棣的根据地，距北面边防很近，屯集了重兵。公元1403年，朱棣将北平改为北京，并着手修凿京杭大运河，以加强北京与南方各地的联系。公元1406年，他开始在北京修建皇宫，即现在的故宫。朱棣还下令大力修筑城池街巷，以至于北京规划、修建得比元大都更宏伟壮丽。到公元1420年，一切准备就绪之后，朱棣改应天为南京，将北京定为京师，正式迁都北京。自此，北京一直都是明朝的都城。

故宫博物院

朱棣定都北京

永乐盛世

　　朱棣的皇权稳固之后,他马上着手恢复社会经济。朱棣继续推行朱元璋的休养生息、移民屯田和奖励垦荒的政策,努力恢复和发展遭到战争破坏的农业生产。他先后几次迁移百姓到北方荒芜地区屯垦,对在"靖难之役"中遭受破坏的地区发给耕牛、农具,帮助农民恢复生产。同时,朱棣也采取措施严惩贪官污吏,限制佛教和道教的过度发展。这些措施使得永乐年间的农业经济水平比朱元璋时期又有了新的发展,各地上缴国库的粮食达数百万石，全国各府县的仓库也存积了大量粮食。

随着农业的繁荣，手工业和商业也有了长足的发展。遵化冶铁厂是永乐年间所建的最大的手工业工厂，占地四千五百多亩，工厂内的民夫、工匠、士兵有两千五百多人。造船业也有了相当大的发展，当时建造的航海宝船，最大的船长度将近一百五十米，宽近六十米，可搭乘一千多人，还配置了航海图和罗盘等先进的航海设备。明朝拥有当时世界上最先进的造船技术和能力。

除了关心社会经济，朱棣还特别重视文化和教育事业的发展。他命内阁首辅解缙组织编纂《永乐大典》。这部著作先后调集了约三千人，用了四年时间才宣告完成。整部书约有两千多卷，是当时世界上最大的类书[①]。朱棣还大兴科举，修建北京的孔庙、国子监，在全国号召尊儒重教。

同时，朱棣完成了一件流传千古的壮举——派郑和[②]七下西洋。公元1405年，朱棣选定宫廷内官监太监[③]郑和为正使，王景宏为副使，率水手、官兵两万八千余人，乘"宝船"二百多艘，远航西洋。郑和的舰队从苏州刘家港出发，到占城（今越南中南部）、马来西亚的马六甲、印度尼西亚的爪哇、苏门答腊及斯里兰卡等地，经印度东海岸和中国南海回国。这是郑和第一次下西洋；以后又于公元1407年至公元1433年的二十多年间，先后六次出海远航，经过三十多个国家。郑和的船队与所经各国互致友好，并同当地官府进行贸易。郑和下西洋大大促进了中国和亚洲、非洲国家的文化交流,增进了各国人民的友谊,而且把中国古代航海事业推向了一个新的高峰。

  这一阶段的明朝,经过朱棣的治理,社会安定,国家富强,因此后世将这一时期称为"永乐盛世"。

仿制郑和宝船

第十七章　千古一帝康熙帝

千古一帝康熙帝

【姓名】爱新觉罗·玄烨
【史称】康熙
【朝代】清朝
【民族】满族
【生卒年】公元1654年—公元1722年
【主要成就】平定三藩，收复台湾，抵制沙俄侵略，巩固统一的多民族国家，发展经济，编修文化典籍《古今图书集成》《全唐诗》《康熙字典》等
【创举】中国历史上在位时间最长的皇帝

后人称呼古代的皇帝，有称庙号的，例如宋太祖、唐太宗等；有称谥号的，例如汉武帝、武则天等。而康熙帝的"康熙"二字却与这两种称呼都没关系——康熙是年号[①]，是爱新觉罗·玄烨统治期间用以纪年的名称。清朝的康熙、雍正和乾隆都是年号。

康熙八岁就登上帝位，当了六十一年的皇帝，是我国历史上在位时间最长的帝王，也是一位历史上少见的英明君主。他深受汉族文化影响，对各民族文化和西方文化都有浓厚的兴趣，他以宽仁治国，奠定了康乾盛世的百年基业。

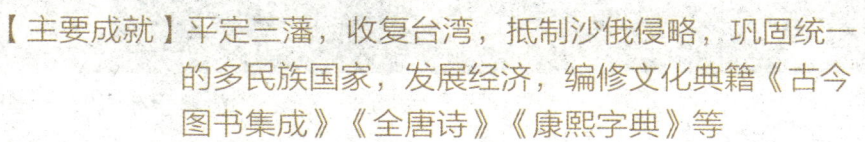

少年爱新觉罗·玄烨

少年登基

公元1654年，玄烨出生于紫禁城里的景仁宫。当时天花流行，人们一旦得了天花②，难以医治，死亡率很高。皇帝、后妃以及阿哥③们为了躲避天花，经常出宫"避痘"。因此，玄烨生下来不久就由奶妈抱出宫外，在紫禁城西华门外的一处府第中抚养，但他在两岁时仍然染上了天花。幸运的是，出了天花的玄烨活了下来，并获得了对天花病毒的终身免疫。这一点后来竟成了他登上帝位的关键因素。

公元1661年，玄烨的父亲顺治皇帝病重。顺治病重时年仅二十四岁，正值盛年，因此之前并没有考虑过立嗣的事，只好临时决定。顺治皇帝倾向于立他的二儿子福全当皇帝，而孝庄太后则主张让玄烨继位。顺治皇帝犹豫不决，就派人向他素来敬重的外国传教士汤若望④征求意见。汤若望认为玄烨已出过天花，具有终生的免疫力，是继位的理想人选。顺治皇帝因此下定决心立玄烨为帝，并命索尼、苏克萨哈、遏必隆和鳌拜四位大臣辅政。

不久，顺治皇帝病逝。玄烨正式即位，这一年他刚刚八岁，改年号为康熙。

智擒鳌拜

由于康熙即位时年龄太小，所以朝政基本上是由四位辅政大臣处理。最初几年，四位辅政大臣与康熙相安无事。然而不久，骄横跋扈的鳌拜就成为一个危险因素。鳌拜号称"满洲第一勇士"，骁勇善战，军功卓著，被封为公爵，位高权重。四朝元老索尼死后，鳌拜就处心积虑地想要独揽朝政。

此时，遏必隆胆小软弱，处处附和鳌拜，对他构不成威胁，正直的苏克萨哈就成了鳌拜的眼中钉。鳌拜编造了二十四项罪责，强迫康熙杀了苏克萨哈，从而彻底控制了朝政。鳌拜利用手中的大权，贪污受贿，营私舞弊，强行下令重新圈地，导致数十万人流离失所。他还假传圣旨，欺上瞒下，强行杀害了反对圈地的户部尚书苏纳海、直隶总督朱昌祚和巡抚王登联。对于年幼的康熙，鳌拜更是不放在眼里，他经常在康熙面前厉声吆喝，甚至挥舞拳头，还拦截奏章，公然抗旨。鳌拜杀苏克萨哈的时候，康熙一直都不准奏，最后竟然是鳌拜强行让康熙盖上玉玺。

少年康熙知道，要想执掌皇权，必须要除掉鳌拜这个绊脚石。

但是，要除掉鳌拜并不容易，鳌拜敢如此放肆是有原因的。他多年结党营私，朝廷大臣不少都是他的死党，他们大多担任军政要职。并且，宫廷侍卫多由上三旗承担，大多数侍卫都以鳌拜马首是瞻。因此，稍有不慎就可能酿成大祸，引起兵变。

于是对于鳌拜，康熙表面上听之任之，甚至还给他加封号，使他放松戒备；暗地里却悄悄部署各项准备工作，等待时机成熟。

首先，康熙亲自挑选并训练了十几名身强力壮的少年，以练习摔跤为名组成了一支亲信卫队——善扑营。这支卫队成为擒拿鳌拜的主要力量。其次，康熙将鳌拜的死党以各种名义先后派出京城，以削弱鳌拜在京城的力量。

一切准备就绪之后，公元1669年，十六岁的康熙在与亲信大臣密商之后，召鳌拜进宫，趁其不备，命善扑营少年将其当场制服。事后，康熙又亲自向议政诸王揭露鳌拜的罪状，获得议政诸王的支持，查明鳌拜的三十项大罪，将鳌拜拘禁起来，判处终身监禁。鳌拜的死党也被镇压。

少年康熙以非凡的魄力和政治手段，清除了鳌拜势力，执掌了朝政大权，使清朝进入新的历史发展时期。

平定三藩

"三藩"是明末清初因军功而被封的三个藩王，分别是驻守云南的平西王吴三桂、驻守福建的靖南王耿仲明（后由其孙耿精忠袭其爵位）和驻守广东的平南王尚可喜。三藩原来都是明朝的大将，投降清朝以后，率军征讨，屠杀反清军民，为清朝立了不少战功。

康熙平定三藩

三藩将其管辖区域内的收入，都据为己有，官吏由自己任命，自行颁布政令，俨然成了三个国中之国。同时，他们还向朝廷索取大量的军饷和经费，使清朝的国库不堪重负。因此，康熙在铲除鳌拜后不久，便下定决心裁撤三藩。

公元1673年，平南王尚可喜向朝廷上书，请求回辽东养老，让他的儿子尚之信承袭王位，康熙便借这个机会下旨撤藩。

撤藩圣旨一下，引起了三藩极大的震动。三个藩王当然不甘心官位、权势和财富尽失，要做最后的挣扎。于是，吴三桂首先在云南发动叛乱，假惺惺地提出了反清复明的口号。他平日安插在各地的党羽群起响应，声势极大。紧接着，福建的耿精忠和广东的尚可喜起兵响应。同时，其他一些地方的朝廷大员，像广西将军孙延龄、陕西提督王辅臣、四川巡抚罗森等人也都纷纷反清，一时之间，战乱波及近十个省份。

面对如此紧急的形势，年仅二十岁的康熙临危不惧，镇定指挥，认真分析了敌我双方的力量对比，提出了擒贼先擒王的战略方针。康熙对三藩分化瓦解，采取了先降服耿精忠、尚之信，然后集中兵力，重点打击吴三桂的策略。

在平叛战争中，康熙严惩作战不力、虚报战功的亲贵大臣，提拔英勇善战的军官，使清军一直保持着旺盛的战斗力。康熙依据既定的策略，先迫使福建的耿精忠投降。随后，广东的尚之信也投降了。到了公元1678年，吴三桂控制的地区不断缩小，从原来的将近十个省缩小到两三个省。眼见着大势已去，吴三桂便在湖南仓促称帝，要在死前过一把皇帝瘾。结果称帝后不到五个月，吴三桂就在惊恐和忧惧中病死。吴三桂死后，他的部将迎立吴三桂的孙子吴世璠继位，退守云南和贵州。

公元1680年，清军在康熙的统一部署下，三路大军向云南合围，于公元1681年攻入昆明，吴世璠自杀，至此三藩全部被消灭了。年纪轻轻的康熙，以其超凡的决策能力平定了这场历时八年、蔓延十省的叛乱。

收复台湾

明朝天启年间，荷兰殖民者侵占台湾岛。公元1661年，抗清失利的郑成功退守台湾，赶走了荷兰殖民者，并将台湾作为抗清的最后基地。到康熙即位的时候，三十八岁的郑成功病故，他的儿子郑经即位。经过郑成功一家二十多年的苦心经营，台湾由人烟稀少的荒岛变成了一块富庶之地。

起初，清朝和台湾郑氏家族曾有五次和谈，可是因为郑氏要求太高而导致双方谈判破裂，战争迫在眉睫。

偏巧就是公元1681年，也就是康熙刚刚平定"三藩之乱"的那一年，台湾岛内发生政变。郑经病故之后，继承人之间引发了一场权力之争，结果郑经长子郑克𡒉被绞死，十二岁的次子郑克塽当政。

康熙当即决定发兵台湾，并任命台湾降将施琅为主帅。清朝的海军对阵台湾郑氏的海军初战失利，主帅施琅受伤，血流满面。施琅吸取首战失利的教训，把舰队重新进行了整顿和部署，使清朝海军很快恢复了士气和战斗力。五日之后，双方在澎湖展开了大决战。这一战清军大获全胜，击毁郑氏战舰二百多艘，以致郑军全军覆没，余部纷纷投降。

　　澎湖一战，郑氏家族自知大势已去，归顺清政府。从此，台湾又回归了中国的怀抱。

抗击沙俄

　　沙皇俄国位于欧洲，本来同中国相隔很远。但是从16世纪开始，沙俄的势力就越过乌拉尔山，开始向东扩张。尤其到了明朝末年，沙俄远征军多次入侵黑龙江流域，烧杀抢掠，四处蚕食中国领土。沙俄在黑龙江北岸的雅克萨修筑堡垒，派兵驻守，当作侵略中国的据点。公元1683年，康熙亲自致信俄国沙皇，要求盘踞在雅克萨等地的沙俄侵略军撤离中国领土。可是沙俄对此不予理睬，甚至还出言不逊。忍无可忍之下，康熙派都统彭春率领由满、汉、蒙古等各族战士组成的三千兵马分水陆两路夹攻雅克萨。一夜之间，清军就消灭了一百多名沙俄侵略者，雅克萨城里的将领托尔布津走投无路，被迫投降，还立下了永不再来的誓言。

当时，清军并没有驻守雅克萨，而是摧毁了城堡，撤回到瑷珲（今黑龙江黑河市爱辉区）。可没想到的是，托尔布津收拾残部，再联合尼布楚派来的援兵，不到一年时间就回到了雅克萨，重新修筑工事，企图再次盘踞在中国领土上。

沙俄这一背信弃义的行为使康熙极为愤慨，于是他便派将军萨布素率领清军两千多人进抵雅克萨城下，将城围困起来，勒令沙俄侵略军投降，托尔布津拒不投降。清军开始攻城，托尔布津中弹身亡，沙俄军队改由副将指挥，继续顽抗。清军综合考虑当时的形势之后，决定改变策略，放弃强攻，改为围困。于是清军在雅克萨城的南、北、东三面挖掘战壕，在城西河上派战舰巡逻，切断守敌外援。侵略军被死死地围困了起来，战死和病死的士兵越来越多，八百多名俄军最后只剩六十多人。得知战况的沙皇急忙向清政府请求议和，并派使节来商议边界。清政府答应了沙皇的请求，准许侵略军的残余部队撤回尼布楚。

雅克萨之战结束后，公元1689年，中俄双方缔结了《尼布楚条约》，详细规定了中俄双方的领土边界。中俄边界以额尔古纳河和格尔必齐河为界，沿外兴安岭直到太平洋沿岸，黑龙江以北，外兴安岭以南和乌苏里江地区为中国领土。俄军退出雅克萨。这个条约挫败了沙俄企图侵略中国黑龙江流域的阴谋，使中国的东北边境获得了一百五十多年的安宁。

在这场伟大的民族自卫战争中，康熙运筹帷幄，不畏强敌，有理有节，显示出非凡的勇气和智慧。

此后，康熙三次亲征噶尔丹，维护了北部蒙古的安定团结；他晚年又粉碎了策妄阿拉布坦侵略西藏的企图，维护了新疆、西藏的安定。经过康熙一生的努力，近代中国的疆域初步形成。

康熙还派出使团，不远万里到达欧洲伏尔加河一带，慰问迁徙到那里的土尔扈特部落。五十九年以后，土尔扈特部落冲破重重封锁，返回祖国，居住在新疆巴音布鲁克草原。

勤奋好学

康熙从五岁开始读书，很早就养成了勤奋好学的习惯。八岁时他学习"四书五经"，就要求自己要做到熟练背诵，从不偷懒。十七八岁时，他因读书过于劳累，以至于咯血也不肯休息。孝庄太后担忧他的身体，曾加以劝阻，他却依然苦读不辍。康熙读书学习的兴趣十分广泛，经史百家、宗教艺术无不涉及，甚至连西方传入的自然科学方面的内容，数学、天文学、生物学、医学，等等，他都很有兴趣，广泛涉猎。

当然，读书不是康熙的最终目的，他的目的是学以致用，从书本中领悟到治国之道。因此，康熙非常推崇儒学，尤其是程朱理学。他规定将朱熹所注的"四书五经"作为科举考试的必考内容，多次举办博学鸿儒科，创建了南书房制度，并亲临曲阜拜谒孔庙。于是，尊儒重道在朝野上下蔚然成风。

除了深谙中国传统文化和帝王之道，难能可贵的是，康熙还对西方文化充满兴趣。在他身边，聚集了来自各国的传教士。康熙虚心向他们学习代数、几何、天文、医学等方面的知识。

康熙很喜欢天文学，他曾命比利时传教士南怀仁为钦天监监正，让他对观象台旧仪器加以改造。康熙南巡到南京时，亲自登上观象台观察星象。为了观察风向，康熙还在宫中设立小旗，查看风向和风速。

康熙年间所制观象仪

以当时的科学文化水平来看,康熙堪称学贯中西的学者。

然而,不容忽视的是,康熙对于西方文化的探究还仅限于个人兴趣。由于时代的限制,他没有在国内推广西方科学知识体系。与此同时,为了巩固清朝的统治,他也曾实行残酷的文化思想控制,实施文字狱的政策,来禁锢人们的思想。

立储风波

康熙儿女众多,他共有三十五个儿子、二十个女儿。对于皇帝来说,多子未必就是多福,众多的儿子也给他带来了苦恼。谁都知道,将来当皇帝的只能是一个人,别的兄弟就是臣下,地位有天壤之别。康熙晚年,皇子们争储斗争激烈,他常常为此彻夜难眠,甚至不顾天子威仪,在朝廷上痛哭。

最初,康熙立皇后的长子胤礽(yìn réng)为太子。后来,康熙发现太子及其属下任意勒索地方官员,同时,一些朝臣亲近太子,朝廷中隐隐出现两个中心的趋势,因而对太子有了成见。为了分散太子的权力,康熙开始大封皇子。有实力的皇子借此机会结党图谋储位。诸皇子共同的目标都是太子之位,太子便陷入了被围攻的窘迫处境。各种各样对太子不利的信息都传到康熙那里,使康熙难辨真假,从而对太子越来越反感。最终在公元1708年,康熙下诏宣布废除太子。

太子的位置一空出来,皇子们全都摩拳擦掌,跃跃欲试,明争暗斗进入白热化阶段。皇三子、皇四子、皇八子、皇十四子等全都卷入了储位之争。康熙见局势闹得越来越不可开交，没办法，只好在公元1709年宣布复立胤礽为太子。

即使这样，皇帝、皇太子和诸皇子之间的矛盾依然没有平息。不久，有人向康熙汇报，太子抱怨说：古今天下，有谁当了四十年太子呢？康熙听到这样的话，自然觉得非常刺耳。没过两年，康熙又把太子废掉，关了起来。

在随后的较量中，诸皇子结党不断，各集团人员不断变化，地位起伏不定。等到了康熙末年，真正有实力的就只剩下皇四子胤禛（zhēn）、皇八子胤禩（sì）和皇十四子胤禵（tí）。晚年的康熙，在立储的问题上伤透脑筋，心力交瘁，心情十分悲苦凄凉。

公元1722年，康熙在北京畅春园突然病逝，大臣隆科多宣读遗诏时，人们才知道四子胤禛被立为帝，各皇子目瞪口呆。至此，康熙走完了自己人生最后的旅程，储位之争也终于落下了帷幕。

知识拓展：

①年号

庙号是帝王死后供奉在太庙里的尊号，一般来说，开国皇帝的庙号都是"祖"，比如李渊是"唐高祖"，赵匡胤是"宋太祖"。

谥号是皇帝死后，由众大臣给其生平行为赋予一种称号以褒贬善恶。谥号就是对帝王一生的评价，比如刘彻谥号"武"，故称汉武帝；爱新觉罗·弘历谥号"高"，称为清高宗（乾隆帝）。

年号就是皇帝登基后用以纪年的名号，这些称号由于简便，所以小说家多用此代表皇帝，比如贞观、崇祯、康熙、乾隆等。

②天花

天花是由天花病毒引起的一种烈性传染病，极难治愈，患者在痊愈后脸上会留有麻子，"天花"由此得名。

在清朝，死于天花的满族儿童数目十分惊人，皇宫中也一直笼罩着天花的阴影。顺治皇帝有八位皇子，患天花夭折的就有四位。传说顺治皇帝在二十四岁时也是被天花夺去了生命。

③阿哥

清代皇室称没有成年的皇子为阿哥。满族父母对儿子也多称阿哥。

④汤若望

　　汤若望，出生于德国科隆，传教士。他在中国生活了四十七年，历经明、清两个朝代。雍正皇帝时期被封为光禄大夫，官至一品。汤若望在中西文化交流史、中国基督教史和中国科技史上是一位不可忽视的人物，他主持制定历法，把望远镜引入中国，传播天文、地理知识，监造大炮，促进了中国科学技术的发展，是继利玛窦之后来华的最著名传教士之一。

第十八章　勤俭严苛雍正帝

勤俭严苛雍正帝

【姓名】爱新觉罗·胤禛
【史称】雍正
【朝代】清朝
【民族】满族
【生卒年】公元1678年—公元1735年
【主要成就】平定罗卜藏丹叛乱，设置军机处，整饬吏治
【创举】中国历史上最辛苦的皇帝之一

　　康熙在二十四岁的时候生下了他的第四个儿子，起名为爱新觉罗·胤禛。四十五年后，胤禛继承帝位，改年号为雍正，后世习惯称其为雍正皇帝。他在位仅仅十三年，比他的父亲和他的儿子都短了许多。可是就在这短短的十三年，雍正有步骤地进行了多项重大改革，励精图治，取得了卓有成效的功绩，为乾隆打下了扎实雄厚的基础，使"康乾盛世"在乾隆时代达到了顶峰。

清世宗爱新觉罗·胤禛

脱颖而出

康熙的儿子多在古代帝王中是出名的,而且他的皇子们个个精明能干,不然也不会在康熙晚年上演一场激烈的储位之争。四阿哥胤禛起初并不特别突出,他站在太子一边,尽力辅佐太子办事。

公元1708年,康熙废掉已经当了三十三年太子的胤礽,胤禛也被卷进了这场你死我活的斗争中。

太子被废，康熙也大病了一场。这期间，胤禛寻医问药，对康熙关怀备至，很得康熙的欢心。所以，在胤礽复立为太子的时候，胤禛就被封为雍亲王①。胤禛心机深沉，懂得韬光养晦，又善于伪装。在康熙面前，他只讲其他兄弟的好话，不讲坏话；有人需要帮助时，他都全力支持。得到亲王的封爵后，他还上奏要求降低爵位，提高其他兄弟的地位。他生活不奢华，办事不张扬，从不公开拉党结派，康熙十分欣赏他的这种行为。

太子第二次被废后，其他皇子们都加紧互相倾轧，争夺储位，只有胤禛做到了内紧外松，表现出对皇位没有兴趣，暗地里却把朝廷重臣拉拢在自己身边。因此，康熙对胤禛的器重与日俱增，许多重要的国事都让他参加。到后来，一些本应由皇帝亲自主持的活动，也让他代理。康熙病逝前几天，还让胤禛代替他执行了祭天礼。

公元1722年，病重的康熙在圆明园内的畅春园召见胤禛。紧接着，康熙溘然长逝，隆科多当众宣布康熙遗诏，胤禛即位，改年号为雍正。

肃清政敌

雍正即位之后，当初一起争皇位的兄弟们并不服气。为了稳固皇权，雍正开始有步骤地消除异己，分化瓦解各皇子的势力。

雍正先是安抚最强大的政敌——八阿哥胤禩，让他和自己的亲信十三阿哥胤祥、舅舅隆科多和胤禩的亲信马齐一起做总理事务大臣，同时还任用安排了胤禩的一些手下。然后，雍正腾出手来对付其他皇子。

雍正最难处理的是和自己同一个母亲的弟弟胤禵。胤禵曾是雍正争夺皇位时最有力的竞争者之一，当时他在青海任抚远大将军，统帅十万精兵。雍正刚一即位，民间就开始流传一些谣言，说他伪造遗诏，篡夺了本应属于胤禵的皇位。胤禵很受人同情，又统帅重兵，因此具有潜在的号召力，雍正不得不重视这件事。康熙一去世，雍正便火速命令在前线统兵的胤禵回京参加葬礼，将前线军事交给自己的亲信年羹尧处理。在葬礼上，雍正以不敬的罪名削了胤禵的王爵。一个月后，雍正又以看守父陵为名，将胤禵软禁在遵化，胤禵的亲信也被一一处置。

不久，雍正又将支持胤禵的兄弟八阿哥、九阿哥、十阿哥分别囚禁起来，对于废太子胤礽和大阿哥胤禔（zhī）也加以禁锢。

公元1724年，雍正待一切准备就绪，才以结党营私为由，罗列八阿哥胤禩、九阿哥胤禟（táng）的种种不法，削其王爵，将他们圈禁高墙，强迫其改名为"阿其那""塞思黑"（猪狗之意），直至死亡。随后，掌握军政大权的隆科多被禁锢，并被勒令自尽。

至此，康熙末年诸皇子争夺皇位的斗争才彻底结束，雍正的皇位得以巩固。从此，雍正将更多的精力投入到国家的治理之中。

勇于改革

康熙虽然是一位明君，但到晚年仍然有许多失策之处，从而造成康熙后期吏治腐败，钱粮短缺，国库空虚。

雍正当政后，大刀阔斧地进行了一些改革，其中最有名的是"火耗归公"和"摊丁入亩"。

在清朝，官吏依靠正常的俸禄是无法养家的，这也是造成官吏贪污的一个客观原因。地方官一般都依靠"火耗"中饱私囊来增加收入。所谓"火耗"，就是地方上将所征收的赋税散银上缴国库前熔铸成银锭时所造成的损耗，国家允许征税时多征一定额度来弥补损耗。以此类推，征粮时就有了"雀耗""鼠耗"等名目，这些合理的名目助长了官员贪污的风气。雍正经过再三考虑，决定实行"火耗归公"，即限定"火耗"的比率，地方所收"火耗"全部送到省里，然后拨出一部分作为官吏养廉银，其他用作地方公费。养廉银一般都会超过俸禄很多，这样既杜绝了官吏贪污的借口，又保证了官吏的收入。

"摊丁入亩"制度则是将老百姓的丁银[②]摊到田赋中征收。这一制度使无地的农民和其他劳动者摆脱了千百年来的丁役负担；地主的赋税负担加重，在一定程度上限制或缓和了土地兼并，增加了国库收入。

另外，雍正在对准噶尔用兵时期，为了更加迅速地处理军机大事，于公元1729年设立了军机处。一开始，军机处还不是一个衙门，只是一个临时处理机要军事事务的机构，也没有专职人员办公。后来雍正觉得军机处用得顺手，就用它来办理国家所有机要事务。从这时开始，军机处代替了内阁，成为国家的实际中枢机关，军机大臣（相当于明朝的宰相）开始登上了历史舞台。

除了这些经济、政治改革之外，雍正还实行"官绅纳粮，一体当差"，建立"密折制度"监视臣民动向，再加上"废除贱籍""改土归流"，创立"秘密选储制度"，等等，这一系列的改革，使雍正巩固并加强了中央集权统治。

勤于政事

雍正非常勤于政事，平日除去睡觉，其余大部分时间都在批阅奏折，传说他每天的睡眠时间还不到四个小时。他亲笔批过保存至今的汉文奏折有三万五千余件、满文奏折有七千余件，平均每天批阅九件，有的奏折上的批语竟有一千多字。

雍正处理政事非常认真，不允许有半点儿虚假和马虎。一旦从大臣的奏章中发现问题，他便非要查出个结果不可。如果大臣没有及时回应他的批示，他就会发火，并严厉惩办，所以雍正当政期间，行政效率非常高。他的这种工作作风，被大臣们形容成

雍正勤于政事

"苛察"。雍正知道后却说,他处于天子之位,日理万机,必须认真,只有那些偷懒怕累、欺上瞒下的昏官才害怕苛察的皇帝。

雍正也没有什么业余爱好,他继位后就将宫内所养的珍禽异兽全部放掉。他也不喜欢出游打猎,像康熙那样的巡游也不搞。雍正喜欢园林,他就把办公地点设在圆明园,那里湖光山色,风景如画,闲暇时,雍正就在园中流连休息。

对于自己的生活起居,雍正也不太讲究。他吃得很简单朴素,偶尔喝点儿酒,但很有节制。当时西方传进来的新鲜玩意儿,像温度计、望远镜、眼镜等,他大多赐给了亲信大臣。雍正一生只有八个后妃,比起顺治帝、康熙帝,在清朝历代皇帝中是后妃较少的。但是他迷信长生不老,炼丹服药,严重影响了健康。

公元1735年,雍正在圆明园突然去世,终年五十八岁,死后庙号世宗。在雍正死前,他吸取了康熙皇子争储的教训,以秘密立储③的方式确定传位于皇四子爱新觉罗·弘历,就是后来的乾隆皇帝。

知识拓展：

①亲王

　　清朝皇帝的儿子均称皇子，满语称阿哥，十五岁以后封不同爵位。亲王是第一等，以下还有郡王、贝勒、贝子、镇国公和辅国公，等等。少数功勋卓著的，子孙后代可以世袭爵位，其余的每代降一等，直到成为闲散宗室。

②丁银

　　丁银就是清朝及以前所谓的人头税。随着清朝的"摊丁入亩"政策出台，丁银也就被取消了，使得无地的农民和其他劳动者摆脱了千百年来的丁役负担。

③秘密立储

　　秘密立储，又称密匣立储、密建皇储。这是雍正发明的立储模式，即将皇帝的遗诏封入密匣内，放到一个隐秘的地方，一般是皇宫内的乾清宫正殿"正大光明"的匾额后。皇帝去世后，由王侯宗室、顾命大臣等人当众揭匣宣读，立御笔亲书所定之储君为帝。

第十九章 "十全老人"乾隆帝

"十全老人"乾隆帝

【姓名】爱新觉罗·弘历
【史称】乾隆
【朝代】清朝
【民族】满族
【生卒年】公元1711年—公元1799年
【主要成就】组织人才编修《四库全书》，平定西北的准噶尔部，征大小金川，整顿吏治，奖励垦荒，兴修水利
【创举】中国历史上最长寿的皇帝

乾隆是雍正的第四个儿子，他二十五岁时即位，在位六十年，退位后又当了三年太上皇，终年八十九岁，是中国历史上寿命最长的皇帝。

爱新觉罗·弘历

承继大统

弘历从小就方头大耳，相貌堂堂，而且聪明伶俐，因此很得祖父康熙皇帝的宠爱。康熙有意培养他，便把他带到皇宫抚养。在皇宫里，弘历不仅要学习文化知识，还要熟习骑射、火器等技艺，康熙努力把他培养成为文武双全的继承人。

为了训练他的勇敢精神，康熙还常常把小小年纪的弘历带到木兰围场去打猎。有一次在打猎时，一只被击倒的大熊突然从地上跃起，张牙舞爪，朝众人扑来。在危急关头，康熙把大熊杀死。当时，弘历离大熊不远，但在整个过程中，他都稳坐马上，手持缰绳，镇定自若，毫不惊慌。这件事给康熙留下了深刻的印象，他对弘历临危不惧的气度大加赞赏。

雍正对弘历也十分器重。他在即位之初，就把弘历定为自己的继承人。公元1723年，雍正刚即位，就写好了立弘历为继承人的密旨，封在密匣之内，放在了乾清宫"正大光明"的匾额后面，还将同样的密旨藏在内府。

公元1735年，雍正去世后，大臣们取出密匣，与藏于内府的密旨核对无误，便遵旨请弘历继承帝位。这一年，弘历二十五岁。第二年，他改年号为乾隆，成为中国历史上有名的乾隆皇帝。

励精图治

乾隆即位时，正是年轻气盛、雄心勃勃的年纪，因此他勤于政事，励精图治，希望建立不朽的功业。

乾隆执政前期，每天天不亮就起身上朝会见大臣，批阅奏章，无论是春、夏、秋、冬，还是刮风下雨，一般都不间断。他每天都工作很长时间，直到处理完公务，才回到寝宫休息。他还规定，若遇有军事急件，即使是半夜，也要立即交给他批阅，他会马上召集军机大臣进行讨论，做出决定，颁诏执行。

乾隆十分重视吏治，注重对官吏的考核和选拔。他从操守、政绩、才能和年龄四个方面考核官员，经考核合格的才能得到升迁和奖赏；不合格的官员分为八类，酌情给予处分。乾隆年间，因不合格而受处分的官员达数千人之多。乾隆大力整顿吏治的做法，大大提高了官员的素质。

乾隆还大力发展农业生产。他提倡开垦荒地，重视耕作技术的提高。他关注水利建设，曾多次亲临治河工地考察。他在位期间建设了不少水利工程，不仅治理了水患，还有利于农田灌溉。在出现自然灾害时，乾隆能及时采取救灾、减免赋税等措施，帮助灾区老百姓渡过难关。乾隆在位期间，曾先后三次免除全国钱粮税赋，减轻了人民的负担，促进了社会生产。

经过康熙和雍正的铺垫，再加上乾隆的励精图治，清朝终于达到了极盛时期，领土疆域最广，经济发展水平最高，人口突破三亿大关，约占当时世界人口的三分之一。江南与广东等地的粮食产量充足，丝织与棉织都很发达，人们说"湖广熟，天下足"。景德镇等地的瓷器制造也达到历史高峰。因此，后人把这段时期称为"康乾盛世"。

《四库全书》

乾隆对于文化事业也非常重视。他下诏编修了《明史》，并组织编纂大型丛书《四库全书》。

公元1773年，乾隆下旨开设"四库全书馆"，着手编纂《四库全书》。该丛书的负责人由皇室的郡王担任，但实际工作却是由学识渊博、才华横溢的学者纪昀主持的。《四库全书》的编写工作量巨大，参加该书编写工作的有三百多人，当时不少的著名学者都参与其中。

乾隆自始至终都在关心这部书的编纂工作，他不仅对该书的编纂提出一些具体建议，还经常赏赐食品和衣物给编纂学者。就这样，在乾隆的关怀和工作人员的努力下，十三年后，卷帙浩繁的《四库全书》终于成书。这部书分经、史、子、集四大类，共收集书籍3500多种，7.9万卷，差不多将中国历代的重要著作都收录其中，是中国古代最大的一部丛书。《四库全书》所收录的书籍中，有不少是从未刊印过的著作，其中还有一些是珍本秘籍。所以，这套丛书对于中国古代文化遗产的流传和保存，做出了重要的贡献。

不过，为了强化统治，乾隆下令把不利于清朝统治的禁书烧毁，篡改、毁灭的书籍不计其数，有人认为乾隆毁书数量甚至超过了《四库全书》总量。

《四库全书》编成之后，乾隆组织人员将该书端端正正地抄写七份，分别藏在皇宫里的文渊阁、圆明园文源阁、承德文津阁、沈阳文溯阁、杭州文澜阁、镇江文宗阁和扬州文汇阁内。另外，纪昀等人又编写了《四库全书总目提要》两百卷，把丛书中收录和存目的每本书的渊源、版本和内容都做了提纲挈领的介绍，成为一部重要的目录学著作。

《四库全书》成书迄今已有两百多年，如今只存三套半：其中文渊阁本原藏北京故宫，后经上海、南京转运至台湾省；文溯

《四库全书》

阁本现藏于甘肃省图书馆；文津阁本于1950年调到中国国家图书馆，成为唯一一套原架原函原书保存的版本。

"十全武功"

乾隆自诩有"十全武功"，表示自己在位期间一共打了十次大的胜仗，分别是两次平定准噶尔部，一次平定大、小和卓之乱，两次征服大、小金川，一次镇压台湾林爽文领导的起义，一次对缅甸作战，一次征讨安南，两次抗击廓尔喀入侵西藏。这些战争的胜利，让乾隆扬扬自得，他立碑建庙，纪念自己的赫赫武功，并自称为"十全老人"。

乾隆的这十次战争有积极的一面。比如两次平定准噶尔部的叛乱，分别打败了达瓦齐和阿睦尔撒纳，清朝从此设立伊犁将军管理天山南北，加强了天山地区与中原在政治经济方面的联系，维护了领土完整。公元1758年，乾隆又派兵平定了大、小和卓

乾隆自诩有"十全武功"

的叛乱,这场战争基本消除了西北地区长期以来一直动荡不安的局面,进一步加强了清朝对天山南北的统治。

两次征服大、小金川,使得这一地区废除了落后的土司制度,改设州县,巩固了清朝西南地区的统治。

两次击败廓尔喀的侵略战争,将侵略者全部赶出了西藏,粉碎了英国殖民者、廓尔喀封建主分裂西藏的阴谋,加强了对西藏的管理。

然而，这十次战争中，也有文过饰非和消极的一面，耗费了大量人力物力，加重了百姓的负担。

乾隆的"十全武功"最终完成了对边疆的统一，辽阔的东方大地上建立了一个空前强大的帝国，清朝的版图此时达到了鼎盛。

大兴文字狱

文字狱①在中国古代许多朝代都有，但在清朝最多。在清朝的历史上，早在顺治、康熙统治时期就兴起过文字狱。文字狱虽然不是乾隆的发明，但他却将清朝的文字狱推向了顶峰。有人统计，乾隆兴起的文字狱达到了一百三十余次。

乾隆所兴起的文字狱，大多是望文生义或是借题发挥，可是处罚往往十分严厉。

退休的大理寺卿尹嘉铨因自称"古稀老人"而被杀，因为乾隆说："朕称古稀老人，早已布告天下，他怎么也敢自称古稀老人？"

乾隆时期通过野蛮残酷的文字狱进行恐怖统治，使一些人无辜被害，并且禁锢了人们的思想，摧残了文化，造成了非常恶劣的后果。

闭关锁国

乾隆初年,英国与清朝的贸易往来频繁,来华的英商也越来越多,其中难免发生有人违反中国法律的事情。于是乾隆颁布了一系列规定,极大限制了商人之间的贸易。

乾隆的闭关政策使英商受害最大,为了发展对中国的贸易,英国决定派高级使臣来华。于是,在公元1793年,借给乾隆祝寿为名,英国国王乔治三世派马戛尔尼出使中国。乾隆听说大英帝国遣使为自己祝寿,也是满心欢喜。在经历了一番风波[2]之后,马戛尔尼总算是正式觐见了乾隆,并献上了寿礼。乾隆也回赠了许多贵重礼物,并厚赏了马戛尔尼本人。然后,马戛尔尼道出了觐见的本意,并就商务问题提出一些请求,主要就是:开放珠山(今浙江舟山)、宁波、天津等口岸通商;取消澳门和广州之间的转口税,或照公元1782年的税率减免,等等。

乾隆对于这些要求全部断然回绝,他说:"我们大清特产丰富,无所不有,不需要外夷的货物。"特别是英国人想占用中国岛屿一项,乾隆更是严词拒绝。在这一点上,乾隆维护了中国的主权和尊严。但是,乾隆的全盘拒绝,闭关自守,也让清朝失去了一次与世界接轨的机会。

乾隆年间,除了英国外,西方其他国家也都曾派使节来华,有葡萄牙使臣巴哲格、荷兰使臣德胜等,但乾隆不能正确处理对外关系,绝口不谈通商事宜。结果几十年后,鸦片战争爆发,帝国主义列强用大炮敲开了清朝的大门。

奢侈皇帝

作为一个太平时期的皇帝，乾隆比他的先人更加安于享乐，奢侈浪费。他统治期间，花钱如流水，经常修建宫殿，耗资巨大。其中，他为皇太后六十岁生日修建的清漪园，修了十五年，花费巨大。

承德避暑山庄，大部分也是乾隆时期修建的，极尽豪华。

北京西郊的圆明园，从康熙年间开始营建，乾隆更是投入巨资将它修建完工。圆明园占地数千亩，建成后有一百五十多座精美的宫殿、台阁和宝塔等建筑，还将各地的名园，如西湖的曲院、苏州的狮子林、海宁的安澜园，一一仿建在园中，被誉为"万园之园"，其耗费的人力物力难以估量。

乾隆统治期间，还六下江南，并把南巡作为他最重要的功绩。可是，他每次南巡都要花费大量的钱财，从北京到杭州，途中兴建的行宫就达三十座之多。他所经的道路事先要洒水清尘，所经石桥、石道要用黄土铺垫，沿途还要搭建彩棚，设立香案。每到一个地方，地方官都要恭迎圣驾，并贡献食品、器具、当地特产等。乾隆一路上也大摆宴席，四处封赏，花费了许多银子。

乾隆还喜欢讲排场，摆阔气。他晚年举办了一次"千叟宴"，参加酒宴的六十岁老者约三千人，规模如此盛大的宴会，在中国历史上也是罕见的。

乾隆的这种作风可谓是给下面的大臣树立了一个腐败的"榜样"。皇亲国戚、大小官员竞相奢靡，由此也助长了贪污受贿之风。乾隆中后期，清朝的贪污现象已经非常普遍。他最宠信的大学士和珅，被抄家时家财折合成白银有千万两之多。

到了乾隆末年，清朝朝政已经逐渐腐败，各种社会矛盾趋于尖锐，各地农民起义不断爆发。

公元1795年，乾隆以尊崇祖父康熙、不愿超过康熙的统治时间（康熙在位六十一年）为理由，正式下诏册立十五子颙琰（yóng yǎn）为太子，并于次年正月将皇位传给他，自己做了太上皇。公元1799年，乾隆病逝于养心殿，终年八十九岁。

知识拓展：

①文字狱

　　文字狱是指封建社会统治者迫害知识分子的一种冤狱。皇帝和他周围的人故意从作者的诗文著述中摘取字句，罗织成罪，严厉惩处，经常造成杀身之祸，甚至牵连所有家人和亲戚，遭满门抄斩乃至株连九族的重罪。

②风波

　　马戛尔尼觐见乾隆时礼仪之争。按清朝规定，外国使臣朝见皇帝必须行三跪九叩礼。而马戛尔尼认为这样有损大英帝国的尊严，主张行单膝下跪的英式礼节。乾隆得知后非常生气。经过磋商双方达成妥协：八月初六万树园欢迎宴会上行英式礼节；八月十三日，正式举行乾隆万寿典礼时行三跪九叩礼。